Ein Gerichtshof für bindende Gesetzesauslegung.

Von

A. Zeiler,
K. I. Staatsanwalt in Zweibrücken.

In Kommission bei:
J. Schweitzer Verlag (Arthur Sellier).

München und **Berlin**
1911.

Inhaltsangabe.

Vorwort.

Ich habe den Vorschlag zuerst in den Annalen des Deutschen Reichs 1907 S. 346 flg. veröffentlicht; ein freundliches Begleitwort von Prof. Dr. Dyroff (S. 433 flg.) suchte ihm die Wege zu ebnen. Sodann habe ich wiederholt in der Deutschen Richterzeitung 1910 S. 72 flg. das Wort ergriffen. Neuerdings nochmal in dem Archiv für Rechts- und Wirtschaftsphilosophie; der Aufsatz wird im 3. Heft des vierten Bandes erscheinen. Die Redaktion hatte die Freundlichkeit, mir das hiezu von Prof. Dr. Kohler erscheinende Nachwort in der Fahne mitzuteilen.

Der Vorschlag hat bei einer Anzahl von Männern der Wissenschaft und der Praxis, deren Namen einen guten Klang haben, freundliche Aufnahme und mehrfach selbst offene Zustimmung gefunden. Andererseits haben mehrfache Aeußerungen in der Presse den Vorschlag entschieden abgelehnt. Bekannt geworden sind mir solche ablehnende Ausführungen von Krause, Meyer, Schiffer, Magnus.[1])

Auf den ersten Blick hat der Vorschlag, wie ich mir durchaus nicht verhehle, etwas abschreckendes, und ich kann es aus diesem Gesichtspunkt begreifen, daß den Herren Schiffer und Magnus, um den Vorschlag mit Entschiedenheit zu verurteilen, das bloße Gerücht genügt hat, es sei ein Reichsamt für Gesetzesauslegung geplant.

Aber es gibt Dinge, die bei näherer Bekanntschaft gewinnen, und ich schmeichle mir mit dem Gedanken, daß zu diesen auch mein Vorschlag gehört. Was an Bedenken und Einwendungen dagegen vorgebracht wird, erweist sich als haltlos, wenn man sich die Mühe nimmt, dem Vorschlag in seinen Einzelheiten näherzutreten. Ich lege Gewicht darauf, daß man sich zum Gegenstande der Kritik nicht ein Amt für Gesetzesauslegung schlechthin nehme, sondern das Auslegungsamt (oder Auslegungsgericht), wie ich es mir vorstelle und vorschlage.

Der Oeffentlichkeit den Vorschlag in seinen Einzelheiten vorzulegen und die Einwände, die erhoben worden sind, zu widerlegen, ist der Zweck der vorliegenden Arbeit.

---

[1]) Deutsche Richterzeitung 1910 S. 314 und 316 — Tag, 8. September 1910 — Deutsche Juristenzeitung 1910 S. 1063.

I.

1. „Gesetz ist die von einer Autorität aufgestellte, bestimmt gefaßte Vorschrift für das Handeln und Verhalten der Menschen" (Lexis).

Nach der technischen Seite beurteilt, muß ceteris paribus dasjenige Gesetz das beste sein, das für das behandelte Rechtsgebiet die schärfsten, jeden Zweifel am sichersten ausschließenden Bestimmungen trifft. Die oberste Richtschnur für alle menschlichen Einrichtungen, so auch für die Gesetze des Staates und andrer öffentlichen Körperschaften ist die öffentliche Wohlfahrt. Diese erheischt die Möglichkeit eines sicheren Rechtsverkehrs, und für diesen ist es der Zustand der Vollkommenheit, wenn das Recht jederzeit und jedermann unverrückbar, klar, zweifelfrei vor Augen liegt.

Dieser Zustand ist niemals voll zu erreichen. Denn Gesetze dieser Art müßten technisch so gearbeitet sein, daß sie sehr viele Einzelvorschriften auf alle erdenklichen Tatbestände enthielten. Es ist nicht möglich, solche Gesetze zu schaffen; solche ins einzelne gearbeiteten Gesetze wären überdies geeignet, eine falsche Anwendung zu verursachen, bedeuteten also geradezu eine Gefahr für die Rechtssicherheit. Darum hat man sich davon abgewendet, Gesetze mit solchen ins einzelne gehenden Bestimmungen zu schaffen, und es ist die Forderung aufgestellt worden, ein Gesetz müsse sich darauf beschränken, dem Verkehr und der Anwendung durch den Richter die Richtlinien anzugeben.

Insoweit aber hier die Forderung aufgestellt ist, daß grundsätzlich nur solche Richtlinien gegeben werden sollten, schießt der Gedanke weit über das Ziel hinaus. Er beruht auf einer verkehrten Auffassung. Freilich ist es vielfach geboten, bei der Schaffung eines Gesetzes sich auf die Erlassung von Richtlinien zu beschränken, aber nicht deshalb, weil dies an sich das vollkommenste der Gesetzestechnik wäre, sondern nur deshalb, weil die Erlassung ins einzelne gehender Rechtssätze für die Rechtsanwendung gefährlich werden kann. Die Beschränkung des Gesetzes darauf, nur Richtlinien zu geben, ist also nur von zwei Übeln das kleinere.

Ob der Gesetzgeber den einen oder den anderen Weg zu gehen hat, ist eine Frage, die im einzelnen Falle sehr schwer zu beurteilen sein mag, und auch innerhalb desselben Rechtsstoffes, ja innerhalb desselben Gesetzes, eignet sich die eine Gruppe von Fragen zur Ausarbeitung ins einzelne, während für andere Gruppen von Fragen unmöglich mehr gegeben werden kann als Richtlinien. Tatsächlich sind auch bei der Schaffung von Gesetzen beide Wege gegangen worden, bald mehr der eine, bald mehr der andre;

unsere Gesamtgesetzgebung ist in dieser Beziehung sehr ungleich geraten, und auch innerhab desselben Gesetzes besteht kein Gleichmaß. Daß dabei auch der Zufall eine Rolle gespielt hat, ist zweifellos: die Behandlung des Gesetzes mußte verschieden ausfallen, je nachdem der Verfasser des Gesetzentwurfs und die Männer, die späterhin auf die Gestaltung des Gesetzes Einfluß geübt haben, im allgemeinen mehr der Erlassung von Einzelvorschriften oder mehr nur der Aufstellung allgemeiner Richtlinien zuneigten.

2. Einzelvorschriften über bestimmte Fragen können aus dem Gesetze aus einem doppelten Grunde wegbleiben. Entweder weil der Gesetzgeber, die Gesamtheit der bei der Entstehung des Gesetzes zusammenwirkenden Personen, an eine bei der Anwendung des Gesetzes sich möglicherweise ergebende Rechtsfrage nicht gedacht hat, oder weil der Gesetzgeber zwar die Rechtsfrage vor Augen hatte, aber absichtlich nicht ausdrücklich regelte — sei es nun in der Annahme, ihre Lösung ergebe sich ohne weiteres aus dem Inhalte des Gesetzes, oder daß er fürchtete, eine ausdrückliche Regelung könne zu einer Fesselung des Verkehrs oder zu einer Verwirrung bei der Rechtsanwendung führen.

Der sicherste Prüfstein für die Güte eines Gesetzes ist seine Bewährung im Verkehr. Hier zeigt sich (was für meinen Vorschlag in Betracht kommt) bald früher bald später, daß der Gesetzgeber die und jene Rechtsfrage zu regeln übersehen hat, oder daß er sich in der Annahme geirrt hat, die Lösung der Frage ergebe sich aus dem übrigen Inhalte des Gesetzes, oder daß er von der Regelung dieser Frage eine Schädigung des Verkehrs nicht hätte zu fürchten brauchen. So kann es sich zeigen, daß Wissenschaft und Rechtsprechung, die sich mit dem lückenhaften oder unklaren Gesetze zu befassen haben und einen Weg zur Lösung streitiger Rechtsfragen finden müssen, damit vor eine Aufgabe gestellt sind, die ihre Leistungsfähigkeit übersteigt.

Gleichwohl aber ist das Gesetz erlassen und steht fertig da mit seinen Unklarheiten und Lücken. Wie die Verhältnisse heute liegen, wie die Beantwortung der streitigen Rechtsfragen, die Auslegung der Gesetze, in der widersprechendsten Weise erfolgt, ist eine so bekannte Tatsache, daß darüber kein Wort weiter zu verlieren ist. Der Verkehr aber ist dazu verurteilt, sich auf dem unsichern, schwankenden Boden abzuspielen. Denn der Gesetzgeber wird, wie ebenso bekannt ist, nur dann tätig, wenn die Rechtsunsicherheit im einzelnen Falle ganz unerträglich ist, insbesondere dann, wenn aufsehenerregende Vorkommnisse die Schaffung eines neuen Gesetzes, die Erläuterung, die Ergänzung des bestehenden Gesetzes, gebieterisch fordern. Der Weg der Gesetzgebung ist ja auch viel zu umständlich, wegen der politischen Zusammenstellungen auch oft viel zu unbequem und unsicher, als daß er für die Abhilfe ernstlich in Frage käme.

3. Ein Glück ist es, daß die Rechtsprechung unserer obersten Gerichte sich im allgemeinen eines hohen Ansehens erfreut, so daß derjenige, der für seinen Rechtsstandpunkt eine solche Entscheidung anzurufen in der Lage ist, immerhin schon 10 gegen 1 wetten kann, daß er im Rechtsstreit siegen werde.

Aber was nützt diese Wahrscheinlichkeit zu siegen, wenn schließlich gerade ich der Pechvogel bin, vor einem oberlandesgerichtlichen Senate Recht nehmen zu müssen, dem jene Meinung des Reichsgerichts nicht zusagt, oder wenn ich gar es erleben muß, daß das Reichsgericht gerade in meiner Sache die von ihm früher vertretene Ansicht verläßt! Wie oft auch kommt es vor, daß Parteien, vielleicht beraten durch einen Rechtsbeistand, ihrem Vertrage eine bestimmte Fassung geben im Hinblick auf eine ihnen bekannte Auslegung des Gesetzes durch einen Rechtslehrer oder im Hinblick auf eine zu der Frage ergangene oberstrichterliche Entscheidung, und daß sich dann späterhin, wenn es zu einem Rechtsstreit kommt, all jene sichere Zuversicht als trügerisch erweist! Es ist also nur mit Vorbehalt zu verstehen, wenn man jetzt von „gesicherten Ergebnissen der Rechtsprechung" spricht. In jeder Besprechung eines neuen Bandes von Reichsgerichtsentscheidungen in Zeitschriften ist das eine oder andre Urteil erwähnt, das der Berichterstatter für unzutreffend hält — so daß er also, hätte er demnächst die Frage als Richter zu entscheiden, sie entgegen jener Reichsgerichtsentscheidung beantworten würde!

4. Ich habe von Anfang an darauf hingewiesen, daß der Verkehr unter dieser Unsicherheit des Rechts zu leiden hat, die sich in der unheimlichen Menge von streitigen Rechtsfragen auf allen Rechtsgebieten äußert.

Es mag sein, daß nicht jeder dem gegenüber ein gleich lebhaftes Empfinden hat; ja es ist mir sogar von einem Richter eingewendet worden, die Schäden, die durch die Unbestimmtheit des Gesetzes entstünden, seien gar nicht so schlimm. Ich habe sie immer für schlimm angesehen und glaube, daß nur durch die stete Gewöhnung an den Zustand, wie wir ihn nun einmal haben, vielen das Gefühl gegenüber dem Mißstande abgestumpft worden ist. Um nur eins aus meinen frühern Ausführungen zu wiederholen: Wie oft erhält eine Partei, die sich beim Anwalt über ihre Rechtsangelegenheit Rats erholen will, die Auskunft, es lasse sich nichts bestimmtes sagen, weil die Rechtsfrage, auf die es ankomme, in Literatur und Rechtsprechung bestritten sei. Je gewissenhafter der Anwalt, um so häufiger ein solcher Aufschluß. Man braucht sich nur selbst in die Lage des Rechtsuchenden zu denken, um die Stimmung zu begreifen, die eine solche Auskunft hervorrufen muß: der Mann wird anders fühlen als der, der ihn mit einem Orakelspruch und einem Achselzucken weggeschickt hat.

Es wäre wertvoll zu wissen, wie viele Rechtsstreite deshalb unterbleiben, weil dem Rechtsuchenden über die rechtliche Beurteilung seiner Angelegenheit ein sicherer Aufschluß nicht gegeben werden kann. „Das sei ja ein Segen, wir hätten so schon Prozesse übergenug" wurde mir eingewendet. Gewiß habe auch ich nicht den Wunsch, die Zahl der Rechtsstreite vermehrt zu sehen. Aber gilt es denn gleich, aus welchem Grunde die Führung eines Rechtsstreits unterbleibt? Darf der Richter die Unsicherheit des Rechtes darum segnen, weil sie eine Einschränkung der Zahl der Rechtsstreite zur Folge hat? Auch trotz der Erkenntnis, daß die Führung des Rechtsstreites nur unterbleibt, weil die Partei bei aller innerer Ueberzeugung von ihrem Rechte die Kosten eines unsicheren Verfahrens nicht wagen darf, oder auch nur weil ihr die nötige Unternehmungslust, die nötige Nervenkraft mangelt, um ihr Recht zu e r s t r e i t e n?

Ich begreife eine solche Auffassung nicht und halte es für die schwerste Schädigung des Rechtsgefühls, wenn das Gesetz dem Fragenden statt einer Antwort eine Streitfrage bietet. Und der Mißstand ist dadurch nicht erträglicher, daß alle Tage hunderte von Beteiligten davon betroffen werden.

5. Man könnte sich die Frage vorlegen, ob nicht eine Besserung dieser Verhältnisse durch eine Hebung der Leistungen der Richter erreicht werden könne. Hier käme eine Aenderung in der Ausbildung in Frage; auch wäre sicherlich eine Verbesserung der Rechtsprechung zu erwarten, wenn jeder Richter die Fülle der oberstrichterlichen Rechtsprechung vollkommen beherrschte.

Selbstverständlich ist jede Maßregel zu begrüßen, die die Leistungen der Richter zu verbessern geeignet ist. Aber kommt eine solche Verbesserung dem Uebel an die Wurzel? Angenommen jeder Richter beherrschte die oberstrichterliche Rechtsprechung. Damit wäre keine Gewähr gegeben, daß er sich in seiner Rechtsprechung auch immer danach richtete. Auch nicht, wenn wir nur auserlesen tüchtige Richter hätten. Die Streitfragen haben nun einmal das eigentümliche, daß sich darüber streiten läßt. Wer will es also einem oberlandesgerichtlichen Senate verargen, daß er sich einer Rechtsanschauung nicht anschließen kann, trotzdem ein reichsgerichtlicher Senat sie ausgesprochen hat? Wenn mir von befreundeter Seite unmutvoll zugerufen worden ist, unsere Richter sollten nicht so eigensinnig sein und eigene Wege gehen wollen, nachdem einmal die obersten Gerichte eine Rechtsfrage entschieden hätten, so ist das ungefähr das Gegenteil von der Forderung, die man sonst, u n d m i t R e c h t, aufstellt: daß die Entscheidungen unserer obersten Gerichte nicht unbesehen nachgebetet werden sollen. Daran darf nicht gerüttelt werden, daß der Richter nach s e i n e r Rechtsüberzeugung zu urteilen hat und daß ihm frühere Gerichtsentscheidungen nur einen Stoff für seine Urteilsfindung, insbesondere für die Auslegung des Gesetzes bilden dürfen. Welchen Wert hat denn aber die

Nachprüfung, die der Richter vornehmen soll, wenn ihm nicht das volle freie Recht gewahrt bliebe, sich nun seine Rechtsanschauung zu bilden und ihr pflichtgemäß dann auch zu folgen? Und wie, wenn ein reichsgerichtlicher Senat seine Auslegung eines Rechtssatzes nur mit knapper Mehrheit gefunden hatte? Wie ferner, wenn das Reichsgericht und z. B. das preußische Oberverwaltungsgericht über eine Rechtsfrage verschiedener Meinung sind: will man verlangen, daß das Verwaltungsgericht sich der Autorität eines reichsgerichtlichen Senates beuge? Und wie, wenn es sich um eine offensichtlich höchst bedenkliche Rechtsanschauung handelt, die in der Litteratur aufs entschiedenste angegriffen wird: soll hier gerade die Rechtsprechung dazu verurteilt sein, die Entgleisung des oberen Gerichtes mitzumachen?

Man sieht, es hilft wirklich nichts, den Richtern ins Gewissen zu reden, sie sollten nicht so eigensinnig sein und immer ihre eigene Meinung haben wollen.

Es wäre auch damit nicht sonderlich viel gedient, wenn das Reichsgericht (wovon sich Meyer in der Deutschen Richterzeitung 1910 S. 316, 317 das Heil erwartet), „mehr allgemeingültige, den einzelnen Fall überragende Sätze aufstellen möchte" — abgesehen davon, daß es doch eigentlich nur mit einiger Gezwungenheit begründet werden könnte, daß das Reichsgericht über den zu entscheidenden Fall hinaus bewußtermaßen zur Rechtsbelehrung für Gerichte und Verkehr allgemeine Sätze aufstellen sollte.

Nehmen wir weiter an, wir hätten lauter auserlesene tüchtige Richter, und die Partei, die vor der Frage steht, ob sie einen Rechtsstreit beginnen solle oder nicht, hätte die unumstößliche Gewißheit, daß der Richter das richtige Urteil fällen werde — was hülfe ihr dies? Sie will nicht wissen, daß sie nach Durchführung des Rechtsstreits (in der dritten Instanz vielleicht) erfahren werde, was das Gesetz bestimmt, sondern sie will jetzt, bevor sie den Rechtsstreit beginnt, wissen, was Rechtens ist!

Es scheint mir, als werde bei der Beurteilung der Frage, ob die Rechtsunsicherheit zu bekämpfen sei und mit welchen Mitteln, zu sehr die Rechtsprechung der Gerichte in den Vordergrund gerückt, indem man sich fragt, ob diese Rechtsprechung verbessert werden könne und wie. Die Rechtsprechung aber ist das sekundäre. Freilich sind unsere Gesetze auch Wegweiser zur richtigen Rechtsanwendung durch den Richter. Aber ich sage, sie sind es auch, und sie sind es erst in zweiter Linie. Die Gesetze sind erlassen zur Regelung von Handel und Wandel, zur Regelung des Verkehrs, der Beziehungen der Staaten und öffentlichen Verbände untereinander, des Einzelnen zu den öffentlichen Verbänden, der Einzelnen untereinander. Und all die Beteiligten, deren Handeln und Verhalten sich nach diesen Gesetzen bestimmt, sie sollten erkennen können, welches der richtige Sinn und Inhalt des Gesetzes ist, und es geht nicht an, sie darauf zu vertrösten, daß ihnen die Gerichte, deren Leistungen immer mehr vervollkommnet werden sollen, im Falle eines Rechtsstreits schon die richtige Antwort auf die zweifelhafte Rechtsfrage geben würden.

6. Es muß also schon etwas anders geschehen, um der Rechtsunsicherheit, die aus streitigen Rechtsfragen erwächst, entgegenzuwirken, und es fehlt auch nicht an Versuchen nach dieser Richtung.

Als einen solchen Versuch möchte ich ein Vorgehen des K. bayer. Staatsministeriums der Justiz erwähnen. Das Ministerium hatte anscheinend die Lösung unangenehm empfunden, die die Praxis der bayrischrechtlichen Frage gab, inwieweit zur Vollstreckbarkeit von Hypothekenurkunden ins eingebrachte Gut einer Ehefrau erforderlich sei, daß der Mann zur Duldung der Vollstreckung verurteilt sei oder die Vollstreckung bewilligt habe. Es holte daher nach Art. 75 des bayr. AG. z. GVG. ein Gutachten der vereinigten Zivilsenate des Obersten Landesgerichtes ein und veröffentlichte es im Justizministerialblatt (1909 S. 510). Ich kenne die Geschichte dieses Gutachtens nicht näher und weiß nicht, warum gerade dieser einen Streitfrage unter hundert die Ehre widerfahren ist, vom Plenum des Obersten Landesgerichts begutachtet zu werden. Allein offenbar empfand es das Ministerium angesichts bestehender Meinungsverschiedenheiten als Bedürfnis, die Frage von einflußreicher Seite entschieden zu sehen, damit die Rechtsanwendung sich danach richten möge. Einem solchen Gutachten kann jedoch ein weiterer Wert als der einer Belehrung für den Verkehr, die Behörden, die Gerichte nicht zukommen, da eine Bindung grundsätzlich ausgeschlossen ist. Ja wer weiß, ob jenem Gutachten des Obersten Landesgerichts das bittere Geschick erspart bleibt, daß ein Senat des Obersten Landesgerichts, dem die Frage in einem Rechtsfall einmal zur Entscheidung gestellt ist, die in pleno beschlossene Lösung der Frage verleugnet!

Auch eine andere Maßregel zur Gewinnung sicherer Grundlagen für die Rechtsanwendung ist hier zu erwähnen. Die Regierung kann ihre Behörden, zumal die Staatsanwaltschaften, anweisen, eine Rechtsfrage in einem gewissen Sinne zu behandeln und durch Einlegung der zulässigen Rechtsmittel eine Entscheidung der obersten Gerichte herbeizuführen. Die Maßregel leidet aber an dem schweren Mißstand, daß die Durchführung solcher Strafverfahren, auch wenn sie in drei Instanzen mit Freisprechung enden, dem — wie damit feststeht — unschuldigen Aerger, Aufregung, Kosten und selbst Schande bereitet. Außerdem ist der Erfolg wiederum unsicher insofern, als es der ergangenen oberstrichterlichen Entscheidung an der bindenden Kraft mangelt.

7. Auf die Verleihung dieser bindenden Kraft kommt alles an, wenn man gründliche Abhilfe schaffen will. Daher ist eine

Reihe von Versuchen, die früher, in Rom, in England, in Deutschland und anderwärts, zur Förderung der Rechtssicherheit gemacht worden sind, von viel einschneidenderer Bedeutung. Ich verweise auf die Zusammenstellung von Dyroff (Annalen 1907 S. 433 flg.).

8. Als ein anderer Weg nach diesem Ziele will mein Vorschlag gelten. Wenn ich ihn hier, trotz mehrfacher Bekämpfung, neuerdings und ernstlich vertrete, so bin ich mir wohl bewußt, daß auch er nicht dazu führen kann, die Rechtsunsicherheit überhaupt zu beseitigen. Das ist unmöglich. Aber wenn der Weg, wie ich behaupte, geeignet ist, die Rechtsunsicherheit bezüglich einer großen Zahl von Rechtsfragen zu beseitigen, so mildert er wenigstens den besprochenen Uebelstand und es wäre verfehlt, den Weg um deswillen nicht zu gehen, weil auch er nicht vollkommen zum Ziele führen wird.

Inwieweit ich die Milderung des Uebelstandes zu erreichen hoffe, davon ist später zu sprechen.

Ich habe mit meinem Vorschlage in erster Linie das weitaus wichtigste Gebiet des gesamten Reichsrechts im Auge und werde im folgenden nur von diesem sprechen, wiederhole aber auch hier, daß ähnliche Einrichtungen von den einzelnen Bundesstaaten für die Bestimmungen des Landesrechts zu schaffen wären.[2])

Mein Vorschlag ist, es solle zur Auslegung des Gesetzes für das Gebiet des gesamten Reichsrechts eine einheitliche Behörde des Reiches geschaffen werden — ein Reichsgerichtshof für bindende Gesetzesauslegung.

---

[2]) Annalen, a. a. O. S. 440, 435.

II.

Die Ausführung des Gedankens wäre die:

1. Der Gerichtshof ist mit Juristen zu besetzen ungefähr in folgender Zusammenstellung: mit drei Zivilrichtern, zwei Strafrichtern, einem Militärstrafrichter, vier Rechtsanwälten, einem Notar, drei Verwaltungsbeamten, zwei Theoretikern aus dem Gebiete des Zivilrechts, zwei solchen aus dem Gebiete des Strafrechts, drei solchen aus dem Gebiete der Verwaltung und der Finanz. Das gäbe eine Körperschaft, die eine wissenschaftliche Behandlung der Sache in gleicher Weise wie eine Berücksichtigung der Bedürfnisse der Praxis verbürgte. Die Besetzung wäre nicht so umfangreich, um schwerfällig zu werden, anderseits aber doch stark genug, um eine ausreichend ergiebige Auslegungstätigkeit zu gewährleisten.

2. Ein von den Mitgliedern des Gerichtshofes gewählter Ausschuß etwa von fünf Mitgliedern entscheidet mit Stimmenmehrheit darüber, welche Streitfragen behandelt werden sollen und in welcher Reihenfolge, und verteilt die Ausarbeitung der Fragen an die einzelnen Mitglieder. Nur dann, wenn eines der Reichsämter, eine Bundesregierung, eines der obersten Gerichte dem Gerichtshofe die Auslegung einer Streitfrage ansinnt, hat das Plenum des Gerichtshofs darüber zu entscheiden, ob die Frage sich zur Auslegung eignet.[3]) Grundsätzlich aber hat nur der Gerichtshof selbst, sei es in seinem Ausschuß, sei es im Plenum, die Bestimmung darüber, welche Rechtsfragen ausgelegt werden sollen.

3. Ein Einfluß auf die Tätigkeit des Gerichtshofes steht niemand, insbesondere auch nicht der Reichsregierung zu. Die Mitglieder des Gerichtshofes und ihre Tätigkeit sind mit allen persönlichen und sachlichen Garantien des Richters und des Richteramtes auszustatten.[4])

4. Der Gerichtshof entscheidet bei der Auslegung mit Stimmenmehrheit der zur Abstimmung versammelten Mitglieder. Dreiviertel aller Mitglieder müssen teilnehmen. In dem Protokoll über die Beratung ist bei jedem Abstimmenden anzugeben, in welchem Sinne er gestimmt hat.

5. Die Auslegungssätze des Gerichtshofes werden als Anhang zum Reichsgesetzblatt veröffentlicht. Es wird ihnen eine vom Gerichtshof ausgearbeitete Begründung beigegeben.

---

[3]) Abweichend vom ursprünglichen Plane.

[4]) Diese Bemerkung von Dyroff, a. a. O. S. 435, liegt durchaus im Sinne meines Vorschlags.

6. Die veröffentlichten Auslegungssätze sind **bindende Norm** bei der Gesetzesanwendung für die nach der Veröffentlichung[5]) entstehenden Rechtsbeziehungen, **wirken aber nicht zurück**. Sie bleiben in Kraft, solange, bis das Gesetz geändert wird oder der Gesetzgeber eine authentische Interpretation abgibt — oder bis der Gerichtshof selbst den Satz aufgibt und eine andre Auslegung beschließt.

7. Eine **neue Beschlußfassung** des Gerichtshofes über eine bereits entschiedene Frage ist nur zulässig, wenn entweder der Ausschuß des Gerichtshofes sie anordnet oder wenn ein Mitglied des Gerichtshofes von seiner früher vertretenen Auffassung sich abwendet und eine neuerliche Beschlußfassung beantragt. Der **bisherige** Auslegungssatz aber bleibt dauernd wirksam für alle zwischen seiner Veröffentlichung und dem Wirksamwerden des neuen Satzes entstandenen Rechtsbeziehungen.

8. Eine **Scheidung des Gerichtshofs in Abteilungen** für Zivilrecht, Strafrecht, Verwaltungsrecht, Prozeßrecht usw. findet nicht statt. Denn nicht nur besteht vielfach ein Ineinandergreifen der einzelnen Rechtsgebiete, sondern es ist der Auslegung der Gesetze überhaupt förderlich, wenn die Auslegenden nicht einseitig nur auf dem beschränkten Boden des sonst von ihnen vorzugsweise bearbeiteten Rechtszweiges stehen.

[5]) Unter Abweichung vom ursprünglichen Plan scheint mir eine Regelung dahin geboten, daß die Wirkung erst eintritt nach der vierzehntägigen Frist des Art. 2 der Reichsverfassung.

III.

Zur näheren Erläuterung sind folgende Ausführungen veranlaßt.

1. Das Wirken des vorgeschlagenen Gerichtshofs ist nicht Rechtsprechung, ebensowenig Schaffung von neuem Recht, sondern nur Auslegung des bestehenden Rechts, und zwar[6]) authentische Interpretation auf Grund der ihm vom Gesetzgeber hiezu erteilten Befugnis; jedoch eine authentische Interpretation mit der Einschränkung, daß ihr grundsätzlich die rückwirkende Kraft entzogen ist.

Ich habe die Körperschaft, der die bindende Gesetzesauslegung zu übertragen wäre, früher als ein Reichsamt bezeichnet. Denn die Auslegungstätigkeit, wie ich sie vorschlage, unterscheidet sich so wesentlich von der Tätigkeit des Streitrichters, und wir sind so sehr daran gewöhnt, uns den Richter nur zur Entscheidung des einzelnen streitigen Rechtsfalles berufen zu denken, daß ich mich nicht entschließen konnte, die vorgeschlagene Körperschaft als Gerichtshof zu bezeichnen. Inzwischen haben mich aber überwiegende Gründe bestimmt, die Bezeichnung der Körperschaft als Gerichtshof für richtiger zu halten. Ausschlaggebend scheint mir, daß die Auslegungstätigkeit der Körperschaft grundsätzlich jeder Einwirkung der Regierung entzogen ist, daß ihr nur das Gesetz gegenüber steht, wie dem Richter, und daß ihre Mitglieder und ihr Wirken mit den persönlichen und sachlichen Garantien des Richters und des Richteramts auszustatten sind. Wenn sich auch das Wirken der vorgeschlagenen Körperschaft in den zwei ganz wesentlichen Punkten von dem Wirken unserer Gerichte unterscheidet: daß die Rechtsfragen grundsätzlich nicht für den einzelnen Streitfall zu entscheiden sind, und daß sie grundsätzlich allgemein bindend gelöst werden, so ist doch die Auslegungstätigkeit selbst der heute den Gerichten obliegenden Ermittlung des Gesetzesinhalts so nahe verwandt, daß es sich rechtfertigen wird, die Körperschaft als Gerichtshof zu bezeichnen.

2. Ob ich mit allen vorgeschlagenen Einzelheiten das richtige getroffen habe, mag dahingestellt bleiben. Hätte ich mich darauf beschränkt, nur in allgemeinen Umrissen zu der Frage Stellung zu nehmen, so hätte ich mich der Gefahr ausgesetzt, noch in weit größerem Maße mißverstanden zu werden, als es schon so der Fall ist.

---

[6]) Worin ich meine Bemerkungen, Annalen a. a. O. S. 439, berichtigen möchte, anschließend an die Ausführungen von Dyroff a. a. O. S. 435.

3. Ich will auf die wesentlichen Einwendungen erwidern. Ich habe dabei manches schon früher gesagte zu wiederholen. Denn sind mir, trotzdem ich schon in meinem ersten Aufsatze die zu erwartenden Einwände zurückgewiesen hatte, diese Einwände doch wieder gemacht worden, so bin ich genötigt, nochmal näher darauf zurückzukommen.

a) Es ist mir eingewendet worden, die Durchführung meines Vorschlages „bedeute eine Novellengesetzgebung par excellence".[7])

Der Vorwurf sieht zunächst nach etwas aus, hält aber bei näherem Zusehen nicht Stich. Wollen wir uns gegenwärtig halten, wie sich die Sache in den heutigen Verhältnissen abspielt!

Das Gesetz wird erlassen. Es erscheinen Kommentare. Die Rechtsprechung setzt ein. Streitfragen tauchen auf und werden mannigfach beantwortet. Mit mehr oder weniger Bestimmtheit, mehr oder weniger überzeugend. Sind wir dann glücklich so weit, daß die obersten Gerichte zu den Streitfragen Stellung genommen haben, so findet die Gesetzanwendung, die sich im großen und ganzen an die Ergebnisse jener Arbeit von Hunderten zu halten pflegt, neben dem Wortlaut des Gesetzes eine reichliche Menge von Einzelheiten, die den zunächst aus dem Wortlaute des Gesetzes sich ergebenden Inhalt näher bestimmen. Keine Novellengesetzgebung, aber eine Durcharbeitung der im Gesetze liegenden Gedanken, die Auslegung des Gesetzes. Ich kann nicht einsehen, inwiefern die von dem vorgeschlagenen Gerichtshofe zu leistende Auslegung des Gesetzes unerträglicher sein sollte als das geschilderte Sachverhältnis: auch hier natürlich keine Novellengesetzgebung, nicht neuer Rechtsstoff, nur Auslegung, ein Herausarbeiten der im Gesetze liegenden Gedanken.

Man kann den Einwand auch so fassen, daß das Walten des Gerichtshofes aus einem Gesetze mit der Zeit das schaffen könnte, was man bezeichnend ein „Kochbuch" nennt, ein Gesetzbuch derart, daß es für alle Fälle des Lebens ein genau passendes „Rezept" geben möchte. Allein die Grenzlinie, wie weit man bei der Ausarbeitung von Gesetzen ins einzelne gehen darf, ist, wie schon früher bemerkt, in allgemein anerkannter Weise noch nicht gefunden.

Daß die Aussprüche des Gerichtshofes nicht selten sehr ins einzelne gehende Fragen betreffen werden, darf nicht stutzig machen. Wo solche Bestimmungen erforderlich sind, scheut auch der Gesetzgeber nicht vor ihrer ausdrücklichen Aufnahme ins Gesetz zurück; vgl. z. B. die Bestimmung des § 593 Abs. 3 BGB., die mit den zahlreichen Verweisungen sicher ein Dutzend mal im Gesetze wiederkehrt. Wenn ferner § 765 Abs. 2 ausdrücklich anordnet, daß die Bürgschaft auch für eine künftige oder eine bedingte

[7]) Meyer in der Deutschen Richterzeitung a. a. O. S. 316.

Verbindlichkeit übernommen werden könne, so könnte, was den eben besprochenen Gesichtspunkt anlangt — auch darin nichts gefunden werden, wenn ein Auslegungsgerichtshof einen entsprechenden Satz zu § 398 BGB. ausspräche.

Auch wenn der Gesetzgeber mit Absicht von der Aufstellung ins einzelne gehender Bestimmungen abgesehen hat, in der Erwartung, die Rechtsentwicklung werde dem Gesetze den näheren Inhalt geben, so kann sich, wie es leider keine Seltenheit ist, diese Annahme des Gesetzgebers insofern als irrig erweisen, als sich früher oder später zeigt, daß hier Literatur und Rechtsprechung nie zu einem festen Ergebnis gelangen werden. Soll man einen solchen Zustand der Rechtsunsicherheit für immer bestehen lassen, bloß um dem Satze nichts zu vergeben, daß ein zu sehr ins einzelne ausgearbeitetes Gesetz von Uebel sei und der Verkehr das richtige von selber finde?

So meint allerdings Meyer a. a. O., unsere Gesetzgebung sei ein kunstvolles Uhrwerk: wenn es zunächst nicht recht gehen wolle, dürfe man nicht gleich an einzelnen Rädchen zu bessern suchen, sondern müsse warten; mit der Zeit werde das Uhrwerk schon von selbst richtig in Lauf kommen. Abgesehen davon, daß es, wie eben erst ausgeführt, leider recht viele Rädchen gibt, die niemals von selbst ins richtige Laufen kommen, ist es meines Wissens auch nicht Brauch der Mechaniker, untätig zuzuwarten, bis das Werk von selbst laufen werde.

b) Meyer wirft meinem Vorschlage weiter vor, er bringe eine Vermehrung des Auslegungsmaterials statt es zu beschränken. Ganz im Gegenteil, mein Vorschlag wird es beschränken. Statt daß Dutzende von Entscheidungen über ein und dieselbe Rechtsfrage ergehen und dann von den Fachzeitschriften veröffentlicht werden, hätte man eine Entscheidung, und eine Entscheidung, die Geltung hätte. Wie oft mag wohl, um einen kleinlichen, aber dafür um so ärgerlicheren Fall zu erwähnen, in einigen Jahrzehnten die Streitfrage in mehreren Rechtszügen ausgetragen worden sein, ob der Rechtsanwalt für die Adresse seiner Briefe die Schreibgebühr beanspruchen kann! Hätte hier nicht ein Auslegungsamt ein gutes Werk tun können? Wäre ferner die von mir in meinem Aufsatz in den Annalen (S. 436, 437) erwähnte Frage, wo der Erwerber einer abgetretenen gewerbegerichtlichen Forderung Recht zu nehmen habe, vom Auslegungsgerichtshof entschieden, so wäre damit für die Rechtsanwendung eine große Menge von Material zur Auslegung gegenstandslos geworden: der eine Auslegungssatz des Gerichtshofs gegenüber seitenlangen Ausführungen in Kommentaren und Dutzenden von Gerichtsentscheidungen, worin die eine oder die andere und noch eine dritte Meinung dazu vertreten werden — Gerichtsentscheidungen, die der gewissenhafte Richter nicht bloß nach ihrem Stichworte beachten, sondern auf ihre Begründung nachlesen soll!

c) Im Zusammenhange damit steht der Vorwurf, mein Vorschlag würde eine **Unstetigkeit des Rechtes** herbeiführen: man hätte alle paar Wochen oder Monate wieder ein neues Recht in sich aufzunehmen. Das ist zunächst eine starke Uebertreibung hinsichtlich der Häufigkeit des Wechsels. Es ist auch keine Rede davon, daß ein neues **Recht** aufzunehmen wäre; nur um bindende Feststellungen des bis dahin schon geltenden aber freilich bestrittenen Gesetzesinhalts würde es sich ja handeln. Schließlich aber — wie ist es denn jetzt? Jede neue Entscheidung eines höheren oder höchsten Gerichts zu einer Streitfrage wird veröffentlicht, da und dort, und die Zeitschriften wetteifern in der Geschwindigkeit, mit der sie ihren Lesern das neueste bringen. Die Praxis hat all diesen Stoff zu verarbeiten, ja es ist dem Richter bereits eine Ersatzhaftung wegen Fahrlässigkeit in Aussicht gestellt worden für den Fall, daß er eine veröffentlichte Reichsgerichtsentscheidung unbeachtet lassen würde. Und doch handelt es sich um grundsätzlich nicht bindende Aussprüche. Bei meinem Vorschlage aber könnte man mit ganz anderem Rechte von gesicherten Ergebnissen der Auslegung sprechen als wenn man heute von gesicherten Ergebnissen der Rechtsprechung spricht.

Die Gefahr einer allzuüppigen Auslegungstätigkeit des Gerichtshofs ist übrigens bei dem von mir vorgesehenen Mitgliederstande nicht so groß.

Ich habe am allerwenigsten **die** Befürchtung, daß der Gerichtshof so viele Auslegungssätze aufstellen werde, daß damit der Rechtsverkehr und seine Entwicklung in Fesseln gelegt würden. Wenn es etwas ist, was **mich** bezüglich meines Vorschlags mit einigem Unbehagen erfüllt hat, so war es vielmehr umgekehrt der Gedanke, ob sich doch Zweifelsfragen in genügender Menge ergeben würden, um einen Auslegungsgerichtshof lebensfähig zu machen — Streitfragen, wie **ich** sie mir allein als für dessen Tätigkeit geeignet vorstelle. Indessen glaubte ich nach reiflicher Ueberlegung doch die Frage bejahen zu müssen, zumal da die nie rastende Gesetzgebung immer neue Streit- und Zweifelsfragen liefern wird.

Auch **die** Besorgnis ließe sich — wieder im Gegensatz zur Befürchtung meiner Gegner — eher noch hören, ob der Gerichtshof so reichliche Ergebnisse schaffen könne, daß sich seine Tätigkeit für den Rechtsverkehr lohne; ich meine, daß sich der von ihm ausgehende Segen für die Sicherheit des Rechtsverkehrs in absehbarer Zeit werde deutlich fühlbar machen. Aber immerhin: lieber nach und nach eine Besserung der Verhältnisse, als dauernd die Unsicherheit, die heute den Rechtsverkehr belastet!

d) **Krause** meint (a. a. O. S. 315), die Durchführung meines Vorschlages würde **kein praktisches Ergebnis liefern**, insofern als über die von dem Gerichtshofe aufgestellten Auslegungssätze doch wieder der Streit auftreten würde, wie der einzelne Satz auszulegen sei.

Zweifellos, die Möglichkeit besteht; selbst die allervorsichtigste bestüberdachte Fassung eines Satzes wird Zweifel nicht immer schlechthin ausschließen. Aber das gilt doch nicht für die Regel, trifft vielmehr sicher nur Ausnahmsfälle. Und solche Fälle werden zudem meist auch solche sein, die sich ihrer Art nach überhaupt nicht zu einer Behandlung durch den Gerichtshof eignen. Gerade hier ist zu beachten, daß (wie später auszuführen ist), der Gerichtshof nur gewisse häufig wiederkehrende Fragen zu behandeln hätte, deren Beantwortung oft mit einigen Worten kurz und deutlich gegeben werden kann. So z. B. die Streitfrage, in welcher Rechtsform eine Eigentümerhypothek gepfändet werden muß, oder die Frage, bei welchen Gericht der Erwerber der abgetretenen gewerbegerichtlichen Forderung Recht zu nehmen hat, oder die Frage, ob das Zurückbehaltungsrecht gegenüber unpfändbaren Forderungen ausgeübt werden darf. Daß die Zahl der ganz bestimmt zu fassenden Rechtssätze sehr groß ist, lehrt jeder Blick in Sammlungen von Entscheidungen. Auch jeder Kommentar stellt solche Rechtssätze, die nicht vom Gesetze selbst ausgesprochen sind, in einer so bestimmten Fassung auf, daß sie, was diese Fassung anlangt, ebensogut als Rechtssätze im Gesetze selbst ausgesprochen sein könnten.

Aber auch angenommen, es könne nicht immer eine über jeden Zweifel erhabene Fassung gefunden werden: sowenig als der Gesetzgeber wegen der Unmöglichkeit, dem Gesetze eine jeden Zweifel ausschließende Fassung zu geben, davon Umgang nehmen darf, ein notwendiges Gesetz zu erlassen, so wenig darf der Ausleger vor der Auslegung zurückschrecken, bloß weil er sich sagen muß, daß seine Fassung des Auslegungssatzes vielleicht Zweifeln Raum geben könnte.

Die Auslegung der vom Gerichtshof zu erlassenden Sätze hätte natürlich nach denselben Regeln der Auslegungskunst zu erfolgen, wie die der Gesetze selbst, also insbesondere unter Berücksichtigung des Zweckes, dem sie dienen sollen. Für ihre Auslegung bietet die den Sätzen beizugebende Begründung in ähnlicher Weise Material, wie die Gesetzesmotive für die Auslegung der Gesetze.

Uebrigens mag zur Beruhigung ängstlicher Gemüter darauf hingewiesen werden, daß es für den Gerichtshof bei der Art seiner Geschäftsbehandlung unvergleichlich leichter sein müßte, eine wohlüberlegte, sorgfältig nach allen Richtungen überdachte Fassung der Auslegungssätze zu finden, als es die Fassung der Gesetze ist in Anbetracht des Zusammenwirkens verschiedener Beteiligten und des oft stürmischen, vielen Zufälligkeiten unterworfenen Ganges der parlamentarischen Verhandlungen.

e) Ein weiterer Einwand liegt auf einem anderen Gebiete: daß mein Vorschlag eine starke Vermehrung des Beamtenheers zur Folge haben würde. Ein solches Bedenken und die Kostenfrage müßten, wenn sich aus sachlichen Gründen das Auslegungsamt empfiehlt, außer acht bleiben, wie man nicht vor den Kosten eines Reichsverwaltungsgerichts wird zurückschrecken dürfen, wenn man sich von der Notwendigkeit seiner Errichtung überzeugt. Bei der von mir in Aussicht genommenen mäßigen Besetzungsziffer des Gerichtshofes wäre zudem der Beamtenkörper und wären die Kosten nicht so besonders groß. Außerdem aber ist zu beachten, daß die Kosten des Gerichtshofes reichlich wieder hereingebracht würden. Nicht nur, daß die Rechtsuchenden viel Zeit und Geld ersparen würden, die jetzt an unsichere Rechtsstreite gehängt werden müssen; auch der Staat selbst spart unmittelbar, indem nicht mehr wie heute dieselbe Rechtsfrage immer wieder von neuem geprüft und entschieden werden müßte. Würde, wie ich behaupte, den Gerichten aller Rechtszüge ein nicht unerheblicher Teil der Rechtsstreite abgenommen und die Entscheidung der verbleibenden erleichtert, so könnte damit eine Ersparung erreicht werden, sei es durch Verminderung des Richterpersonals, sei es wenigstens durch eine Hinausschiebung des Zeitpunkts, wo eine Vermehrung des Richterpersonals einzutreten hätte.

Auch darauf möchte ich in diesem Zusammenhange hinweisen, daß die Durchführung meines Vorschlags geeignet wäre, das Reichsgericht zu entlasten. Denn wenn sich auch das Reichsgericht in Fällen, wo es eine schon wiederholt entschiedene Frage wieder entscheiden muß, in der Begründung kurz fassen kann, so ändert das doch daran nichts, daß die Frage unter Würdigung der neuerlichen Parteiausführungen und etwaiger neuer Literatur wieder geprüft werden muß, zumal dann, wenn ein anderer Senat es ist, der die Frage zu prüfen hat, oder wenn seit den früheren Entscheidungen ein Wechsel im Richterbestande des erkennenden Senates eingetreten ist. Abgenommen kann dem Reichsgericht die Arbeit nur werden, wenn nicht mehr wie jetzt immer wieder mit einiger Aussicht auf Erfolg der Versuch gemacht werden kann, die Rechtsprechung des Reichsgerichts umzustimmen.

f) Weit mehr Gewicht als auf die besprochenen Einwendungen möchte ich auf einen anderen Einwand legen, der mir mit besonderer Schärfe gemacht wird: den Einwand, daß die Durchführung meines Vorschlags [die richterliche Tätigkeit auf eine niedrige Stufe herabdrücken müßte.

So wurde mir von Richtern vorgehalten:

„Was hat denn der Richter eigentlich noch zu tun, wenn ihm die Auslegung des Gesetzes, die Auslegung strittiger Gesetzesstellen abgenommen wird? Ich kann mir keine größere Entwertung der richterlichen Tätigkeit, keine größere Demütigung für den Richterstand denken, als gerade die Tätigkeit, die an den Juristen die höchsten Anforderungen stellt, dem Spruchrichter zu entziehen. Die Schaffung des Auslegungsamtes wäre ein Schlag ins Gesicht des Richterstandes, und dessen ganzes Ansehen müßte darunter leiden"...

„Die Wirksamkeit des Auslegungsamts würde im Endergebnis sicherlich nicht bloß auf Kosten der Richter gehen, die durch sie in eine wahrhaft nicht beneidenswerte Stellung herabgedrückt würden, sondern auch auf Kosten des Rechts und der Rechtsuchenden selbst"...

„Das Recht würde dem Richter in eine immer mehr anschwellende Menge unorganischer Bestimmungen zerflattern, auf die er die Tatbestände der einzelnen Fälle handwerksmäßig zuzuschneiden hätte. Nur wenn er selbst dem Gedanken des Gesetzes nachgehen muß und frei nachgehen kann, kann er eine Entscheidung finden, die vom Geist des Gesetzes getragen ist"...

„Glaubt man das Zutrauen zur Rechtspflege dadurch besonders zu stärken, daß man dem höchsten Gerichte eine noch höhere Verwaltungsstelle vorsetzt?" ...

Zum Teil sind diese Ausrufe des Abscheues jedenfalls darauf zurückzuführen, daß die meinem Vorschlage sehr wesentliche Forderung übersehen wurde, es müßten die Mitglieder der Körperschaft und ihre Tätigkeit mit allen Eigenschaften des Richters und seiner Tätigkeit ausgestattet werden. Und es mag unbewußt zur Erhöhung des Abscheues beigetragen haben, daß man an der Bezeichnung der Körperschaft als eines „Amtes" Anstoß nahm.

Auch Kohler spricht sich[8]) dagegen aus, „daß die Freiheit des Richters eingeengt und eingeschränkt werde". Nach seinen näheren Ausführungen ist damit die Forderung ausgedrückt, daß der Richter, wenn ihm einmal ein Rechtsstreit zur Entscheidung vorgelegt werde, in der Entscheidung des Falles durch nichts eingeschränkt werden dürfe, in der Weise allerdings, daß er die Prozeßgesetze in der Form anzuwenden hätte, die ihm die von Kohler vorgeschlagene Kommission geben würde.

Diesen Ausführungen Kohlers ebenso wie den erwähnten Ausrufen meiner engeren Kollegen liegt der Gedanke zugrunde, daß der Wirkungskreis des Richters nach Umfang und Art ein Rührmichnichtan sei. Er ist dies zweifellos, solange nicht die Vorteile, die die Durchführung meines Vorschlags bringen würde, die Nachteile überwiegen, die aus einer Einschränkung der richterlichen Tätigkeit entstehen können. Aber der Wirkungskreis des Richters ist nicht unantastbar schlechthin, und er muß eingeschränkt werden, wenn dem allgemeinen Volkswohl durch eine solche Einschränkung gedient wird.

---

[8]) Im Archiv für Rechts- und Wirtschaftsphilosophie a. a. O.

Der Rechtsverkehr fordert nun einmal Sicherheit. So z. B. über die schon erwähnte Frage, in welcher Form die Pfändung einer Eigentümerhypothek zu geschehen hat. Der vorsichtige Gläubiger wird hier doppelt nähen — aber er muß, wie das RG. ausgesprochen hat, den einen Faden immer selber zahlen. Hier muß der Reiz daran, eine Frage hochwissenschaftlich auszutragen, schlechterdings hinter dem Bedürfnis des Verkehrs zurückweichen, klipp und klar zu wissen, was Rechtens ist.

Es zeugt von einer hohen Auffassung des richterlichen Berufes, wenn die Befürchtung ausgesprochen wird, daß die Wissenschaftlichkeit der richterlichen Tätigkeit durch die Ausführung meines Vorschlages Schaden nehmen werde. Aber es muß mir dem gegenüber doch gestattet sein, darauf hinzuweisen, daß die jederzeitige eigene Prüfung von Rechtsfragen doch mehr nur eine Sache theoretischer Möglichkeit ist, in der Praxis des vielbeschäftigten Anwalts oder Richters aber oft nicht geübt wird. Wie viele können denn die Flut von Literatur, die Flut von widersprechenden Gerichtsentscheidungen zu der einzelnen Streitfrage — auch wenn ihnen all dies zugänglich wäre — auch nur lesen, geschweige denn auf die Begründung hin durchdenken? Bei Fragen zumal, die dem Anwalt oder Richter vielleicht einmal im Leben begegnen und dann nicht wieder! Ist es nicht Tatsache, daß in vielen, vielen Fällen der Praktiker darauf verwiesen ist, dem ihm geläufigen Kommentar vertrauensvoll zu folgen? Wenn dem aber so ist, ist es dann berechtigt, eine Förderung der Rechtssicherheit deshalb abzulehnen, weil sie eine Beeinträchtigung der theoretisch freien wissenschaftlichen Arbeitsweise des Richters bringen würde?

Wenn gerade von Richtern mit solcher Entschiedenheit die Unantastbarkeit des richterlichen Arbeitsfeldes verfochten wird, so muß mit besonderer Vorsicht geprüft werden, ob es sich hier nicht vielleicht doch mehr nur um ein empfindliches Zucken eines hochgespannten Selbstgefühles handelt; und ob nicht eine Ueberspannung der hohen Meinung von richterlichem Berufe vorliegt. Es liegt der Einwand nahe, daß es gerade dem Richter zieme, nicht hartnäckig an seinem Besitzstande festzuhalten und auf wohlerworbene Rechte zu pochen — ihm, der objektiv sein soll bis ins Mark, selbst wo es sich um die Preisgabe eines Teiles seines Selbst handelt!

Wenn es darauf ankäme, wer zurückzutreten habe, müßte sich nicht der Richter, der das Ansehen seines Standes und der Rechtsprechung so in den Vordergrund rückt, den Einwand gefallen lassen, dies sei eine Verschiebung und gebe ein falsches Bild — erst der Verkehr und seine Bedürfnisse, seine Sicherung, dann der Richter und sein Wohl?

Allein zu einer solchen Zuspitzung der Frage kommts gar nicht. Es wird tatsächlich durch den Gerichtshof eine Einschränkung des richterlichen Arbeitsfeldes nur in ganz geringem Grade eintreten, ganz gewiß jedenfalls nicht in einem Grade, der das Selbstgefühl des Richterstands kränken könnte. Auch hier ist es nur die Scheu vor dem Neuen, ist es nur, wie schon angedeutet, eine gewisse Ueberempfindlichkeit, die meinen Gegnern eine Schreckgestalt vorgetäuscht hat.

Nehmen wir an, ein Gesetz erweise sich bei der Anwendung als mangelhaft abgefaßt. In Literatur und Rechtsprechung besteht über eine Frage des Gesetzes Streit. Nun kann, wenn diese Unsicherheit als schwerer Mißstand für die Abwicklung eines ruhigen Verkehrs empfunden wird, im Wege der Gesetzgebung durch „authentische Interpretation" die Frage gelöst werden. Das schadet sicher dem richterlichen Ansehen nicht — sowenig, als daß der Richter nicht frei nach seinem Rechtsgefühl zu entscheiden hat, sondern an das Gesetz mit seinen Einzelbestimmungen, bald prinzipieller, bald nur formaler Natur, gebunden ist. Wenn nun der Gesetzgeber einer von ihm geschaffenen höchsten Reichsbehörde die Befugnis zur verbindlichen Auslegung von Gesetzen überträgt, warum soll es dem Ansehen des Richterstands und der Rechtsprechung schaden, daß der Richter nun einen Rechtssatz, der gerade so gut im Gesetze ausdrücklich aufgestellt sein könnte, nicht aus dem Wortlaut des Gesetzes heraus liest, sondern einem Auslegungssatze des vom Gesetzgeber hiezu geschaffenen Gerichtshofes entnimmt? Soll die Beeinträchtigung des richterlichen Ansehens darin gefunden werden, daß die verbindliche Auslegung, die sonst dem Gesetzgeber selbst zusteht, von ihm aus Gründen der Zweckmäßigkeit einem eigenen Gerichtshofe übertragen wird? Oder darin, daß der Gerichtshof dem Umfange nach eine reichlichere Auslegungstätigkeit entfalten würde, als sie von der schwerfälligen Gesetzgebungsmaschine je geleistet werden könnte?

Ich wiederhole, daß der Richter nach wie vor das Gesetz auszulegen hätte. Und zwar grundsätzlich uneingeschränkt. Seine Auslegungstätigkeit und die des Auslegungsgerichtshofs würden nebeneinander bestehen, und der Richter hätte zu allen Rechtsfragen, die sich bei der Entscheidung des vorliegenden Rechtsfalles ergeben, Stellung zu nehmen. Eine Einschränkung würde nicht erfolgen, weder nach Rechtsgebieten, noch etwa in der Weise, daß er sich von dem Auslegungsgerichtshof eine Weisung für die Beurteilung des gerade vorliegenden Rechtsfalles zu erholen hätte. Nur selbstverständlich wäre die Zahl der bestehenden streitigen Rechtsfragen gegenüber dem heutigen Zustande infolge des Wirkens des Auslegungsgerichtshofes gemindert, so daß der Richter nicht mehr so oft wie heute das Recht im Gesetze zu suchen, sondern es nur auf den vorliegenden Tatbestand anzuwenden hätte. Darin aber läge gegenüber dem jetzigen Rechtszustand nur eine Aenderung bezüglich des Umfangs der richterlichen Auslegungstätigkeit, nicht aber bezüglich ihrer Wesenheit.

Also nur eine Beschränkung dem Umfange, nicht der Art nach. Das aber müssen wir Richter uns gefallen lassen, wenn dem Rechtsverkehr daraus Vorteile erwachsen.

Wie auf andern Gebieten des menschlichen Lebens eine Spezialisierung der Leistungen eintritt, wie der Arzt, der eine allgemeine Praxis ausübt, heute gewisse Untersuchungen dem hiezu besonders ausgebildeten Arzte, oder dem Chemiker, dem Bakteriologen, überlassen muß, ohne darum eine Einbuße an seiner Wertung zu erleiden, so würde auch mein Vorschlag weiter nichts bedeuten als eine Arbeitsteilung in der Weise, daß ein Teil der Tätigkeit, die bisher der Spruchrichter zu leisten hatte, auf andere Schultern übertragen würde, auf andere Richter, die zur Bewältigung dieser Arbeit in besonderer Weise und leistungsfähiger ausgerüstet wären.

Unbeteiligten Beurteilern wird es auch nicht einfallen, der richterlichen Tätigkeit den Makel der Unwissenschaftlichkeit anzuheften, bloß weil der Richter nach Durchführung meines Vorschlages nicht mehr jeden einzelnen Stein, den er zum Bau seines Urteils verwendet (nicht selten eines stattlichen umfangreichen Gebäudes), selbst zu brechen und zuzuhauen braucht!

Ein böses Mißverständnis ist es natürlich, wenn Schiffer und Magnus in ihren Aufsätzen im Tag und in der Deutschen Juristenzeitung von der Annahme ausgehen, es sei geplant, daß die Auslegungssätze des Gerichtshofes „die Richter und Gerichte in allen Zweifelsfragen mit bindenden Anweisungen zu versehen hätten" (Schiffer) oder „es solle ein Reichsamt für Gesetzesauslegung geschaffen werden, dem allein (!) die Interpretation streitiger Gesetzesstellen zustehen solle" (Magnus). Ich weise dem gegenüber nochmal auf das eben Gesagte hin: Der Gerichtshof soll nicht „allein" auslegen, sondern seine Zuständigkeit bestände nur neben der des Richters, und er soll nicht „alle" Streitfragen entscheiden, sondern nur eine gewisse Auswahl von Streitfragen, die sich hiefür eignen.

Nach alledem muß ich bestreiten, daß von dem Wirken des Gerichtshofes eine Beeinträchtigung der Wichtigkeit und des Ansehens der Rechtsprechung zu besorgen wäre. Im Gegenteil ist eine Förderung dieses Ansehens zu erwarten. Denn in dem gleichen Maße wie ich die Fälle beschränke, die Anlaß geben, über die Unsicherheit des Rechts und über die Unzuverlässigkeit der Rechtsprechung bittere Urteile zu fällen, in dem gleichen Maße stärke ich das Ansehen der Rechtsprechung.

Sogar subjektiv muß es der Richter in den Fällen, die eben für die Behandlung durch den Auslegungsgerichtshof geeignet sind, als angenehm empfinden, solche Rechtsfragen nicht mehr prüfen zu müssen. Mir selbst wenigstens war es immer peinlich, ein Urteil auf eine Auslegung des Gesetzes stützen zu müssen, von der niemand sagen konnte, ob sie von der zweiten oder dritten Instanz werde gebilligt werden — so daß also, vom praktischen Standpunkte aus betrachtet, die Parteien gerade so gut hätten Hälmchen ziehen, oder den Rechtsstreit gleich bei der Revisionsinstanz hätten anbringen können. Eine solche Ausübung des Richteramts ist genau so erfreulich, wie es einem Ingenieur wäre, seine Berechnungen auf unsichere technische Formeln stützen zu müssen, mit der angenehmen Aussicht, daß der erste Sturm eines Gewitters sein sorgfältig berechnetes Werk zuschanden machen könne. Dabei hat eine Arbeit mit solchen Gefahren noch ihre Reize, so lange es gilt Neuland zu entdecken. Aber wie jemand dem Geschmack abgewinnen kann, sich dreißig Jahre nach Erlassung eines Gesetzes immer noch mit den alten Streitfragen herumzuschlagen, ohne die leiseste Hoffnung, einen kleinen neuen Gedanken zu finden — das begreife ich nicht. Ich kann mir also nicht denken, daß mein Vorschlag, für solche Fälle eine bindende Auslegung zu geben, auf ernstlichen Widerstand stoßen könnte — für Fragen zumal, bei denen es (ich meine für den Verkehr) oft herzlich gleichgültig ist, ob sie so oder so entschieden werden, wenn sie nur überhaupt entschieden wären. Die Lösung einer solchen Frage durch den Auslegungsgerichtshof müßte für alle Beteiligten und nicht zuletzt auch für den Richter zugleich eine Erlösung sein. Wie sagt doch Faust:

> Wie nur dem Kopf nicht alle Hoffnung schwindet,
> Der immerfort an schalem Zeuge klebt,
> Mit gier'ger Hand nach Schätzen gräbt
> Und froh ist, wenn er Regenwürmer findet!

Sowenig übrigens, wie die richterliche Tätigkeit durch ein sachgemäßes Walten des Auslegungsgerichtshofs leiden würde, sowenig würde die theoretische Bearbeitung des Rechtes dadurch beeinträchtigt. Sie hätte gegenüber dem Auslegungsgerichtshof und seinem Wirken keine andre Stellung als heute beispielsweise gegenüber dem Reichsgericht. Sie hat sich noch nie das Recht nehmen lassen, selbst gegen eine feststehende Rechtsprechung des Reichsgerichts mit aller Schärfe anzukämpfen, und es ist ihr gar manches mal gelungen, eine Aenderung der Rechtsprechung zu erzielen. Genau ebenso könnte sie dies tun gegenüber dem Auslegungsgerichtshof, dessen Aussprüche ja nicht unwandelbar sein sollen. Gar vielen Streitfragen wird übrigens, wenn der Auslegungsgerichtshof sie entschieden haben würde, auch die Wissenschaft keine Träne nachweinen.

4. Im bisherigen ist mehrfach hervorgehoben, daß nur gewisse Rechtsfragen von dem Gerichtshofe gelöst werden sollten. Es scheint für die Beurteilung meines Vorschlages sehr wesentlich, zu wissen, nach welchen Gesichtspunkten die einen Rechtsfragen dem Auslegungsgerichtshof zuzuweisen, andre aber der Rechtsprechung vorzubehalten seien. Hierauf erwidere ich bündig: Grundsätzlich nach keinem System. Grund-

sätzlich keine Ausscheidung, keine Bindung des Gerichtshofes in der Auswahl der auszulegenden Rechtsfragen!

a) Jeder Versuch, den Kreis der Fälle zu umschreiben, für die der Gerichtshof tätig werden solle, wäre eine Beengung, eine Gefahr für ein segensreiches Wirken des Gerichtshofs.

Insbesondere hielte ich für verfehlt eine Bestimmung (woran man wohl denken könnte) dahin, daß der Gerichtshof an die auslegende Behandlung eines Gesetzes erst dann herantreten dürfe, wenn das Gesetz eine bestimmte Zeit in Kraft gewesen sein würde. Welche Zeit sollte da bestimmt werden? Das wäre eine unerträgliche Schablone. Was für den einen Rechtssatz, für das eine Gesetz schon eine reichliche Zeitdauer zur Beobachtung der Verkehrsergebnisse ist, ist für andre Gesetze eine kurze Spanne Zeit. Auch innerhalb desselben Gesetzes bestünden solche Verschiedenheiten. Auch gibt es Fragen, die alsbald nach der Erlassung des Gesetzes schon bestimmt gefaßt und bestimmt beantwortet werden können, und Fragen, für deren Beantwortung nicht erst Erfahrungen in der Rechtsanwendung nötig sind, so daß es also eine ganz ungerechtfertigte Beschwernis für den Verkehr wäre, ihn auf fünf oder zehn Jahre unter einer zwiespältigen Rechtsanwendung mit all ihren Aergerlichkeiten, Aufregungen und Kosten leiden zu lassen.

b) Kohler[9]) weist darauf hin, „daß in unserm Rechte neben sehr vielem Prinzipiellen so manche nebensächliche Formalität bestehe, die an sich hingenommen werden müsse, deren nähere Ausgestaltung aber nicht eine Sache des juristischen Nachdenkens, sondern des gesetzgeberischen Beliebens sei". Für diese Formalitäten hält er das Wirken eines Gerichtshofes oder einer Kommission für wünschenswert. Es scheint, daß er hiebei bloß Bestimmungen des Prozeßrechts im Auge hat.

Es ist richtig, daß die für den Rechtsverkehr ärgerlichsten Unsicherheiten und Streitfragen auf dem Gebiete des Prozeßrechtes liegen; besonders ärgerlich deshalb, weil ein Streit gerade über so nebensächliche Punkte einem Menschen mit praktischem Sinn recht kleinlich vorkommen muß. Aber es sind nicht bloß die Prozeßgesetze, die eine große Menge von solchen „formalen" Bestimmungen enthalten, solche Bestimmungen haben nicht minder auch unsere materiellrechtlichen Gesetze. Auch hier eine große Zahl von Fristbestimmungen, von Formvorschriften, die ohne Beeinträchtigung juristischer Grundgedanken ebensogut anders geregelt sein könnten. Sollte also diesen nicht auch die Wohltat zuteil werden, die Kohler den formellen Bestimmungen des Prozeßrechts zugedacht hat?

Darin stimme ich Kohler vollkommen bei, daß die zur erläuternden Behandlung geeigneten Fragen zu einem sehr erheblichen Teil Formali-

---

[9]) im Archiv für Rechts- und Wirtschaftsphilosophie a. a. O.

täten, zumal des Prozeßrechtes, betreffen werden, und ich hielte die Schaffung einer Stelle zur Behandlung zweifelhafter Rechtsfragen für erstrebenswert schon dann, wenn ihr nur ein beschränkter Wirkungskreis nach dem Vorschlage Kohlers zugewiesen würde. Aber zufrieden geben könnte ich mich damit nicht; denn es wäre nur halbe Arbeit getan. Denn wenn auch die streitigen Rechtsfragen formeller Art die häufigsten und ärgerlichsten sind, so sind sie es doch nicht allein, unter denen der Verkehr zu leiden hat. Soll z. B. der Streit darüber, ob § 1 des Reichshaftpflichtgesetzes auch den Unternehmer einer Privatbahn treffe, oder der Streit über das Zurückbehaltungsrecht gegenüber unpfändbaren Forderungen deshalb ewig währen, weil es sich hier um „prinzipielle" Fragen des materiellen Rechts handelt? Sofern sich, wie ich behaupte, Unzuträglichkeiten aus der Ueberweisung auch solcher Rechtsfragen an einen Auslegungsgerichtshof nicht ergeben, dürfen sie von dieser Behandlung nicht ausgeschlossen werden.

Nebenbei bemerkt hielte ich es für wenig vorteilhaft, die Kommission nach Kohlers Vorschlag nur von Zeit zu Zeit zusammentreten zu lassen. Welche Zwischenräume sollten auch bestimmt werden? Für alle Gesetze gleichmäßig? Ich meine, eine Kommission könnte dann am ersprießlichsten wirken, wenn sie immer am Werke wäre und jederzeit eingreifen könnte, sobald sich ein Bedürfnis hiezu ergäbe.

Noch auf eins ist hinzuweisen. Wenn Kohler der Kommission nur die „Formalitäten" des Gesetzes zuweisen, die „prinzipiellen" Bestimmungen ausschließlich dem Richter vorbehalten will, so würde sich für außerordentlich viele Streitfragen großer Zweifel darüber erheben, ob die vorliegende Frage von prinzipieller Bedeutung ist oder nur eine Formalität enthält. Ist es nicht oft reine Gefühlssache, ob man eine Frage in die eine oder die andere Gruppe verweisen will? Eine solche Begrenzung des Wirkungskreises der Kommission wäre also viel zu unscharf.

Ich wiederhole also: jeder Versuch, diesen Wirkungskreis irgendwie durch ausdrückliche Vorschriften zu bestimmen, halte ich für aussichtslos.

c) Ich halte es aber auch für e b e n s o u n n ö t i g als unmöglich, eine Abgrenzung der Rechtsfragen anzuordnen.

E i n e B e g r e n z u n g des Wirkens eines Auslegungsgerichtshofes e r g i b t s i c h s c h o n v o n s e l b s t a u s d e r N a t u r d e r S a c h e, aus der verständigen Erfassung des Zweckes, dem der Gerichtshof dienen soll, und aus der steten Rücksicht auf die Erfordernisse einer gedeihlichen Verkehrsentwicklung.

Denn es ist selbstverständlich, daß nicht jede Frage geeignet ist, vom Gerichtshofe behandelt zu werden, und es wäre ein Unsinn zu erwarten, es könnten durch den Gerichtshof alle Zweifelsfragen entschieden und das Auftreten von Rechtsstreitigkeiten gänzlich vermieden werden. Ja es könnte sogar, wie ich durchaus nicht verkenne, zu einer Fesselung der Rechtsentwicklung führen, wenn der Gerichtshof bei der ihm zukommenden Auswahl unsachgemäß und unwissenschaftlich verführe.

Gewiß war eine Frage wie beispielsweise die der Bestandteilseigenschaft von Maschinen nicht geeignet, von dem Gerichtshof entschieden zu werden. Und so sind hunderte von Rechtsfragen derart, daß sie nicht losgelöst vom einzelnen Fall und ein für alle mal beantwortet werden können — vielfach wenigstens vorerst nicht, bis daß einmal die aus der Rechtsanwendung entstehende Sammlung von Auslegungsstoff eine Klärung der Frage gebracht hat.

Es gibt aber andrerseits Streitfragen genug, über die schon unendlich viel Tinte vergossen worden ist in der Literatur und in Hunderten von Gerichtsentscheidungen, Streitfragen, die scharf gefaßt sind und scharf beantwortet werden können ohne Rücksicht auf bestimmte einzelne Tatbestände.

Geeignet sind gewisse Fragen teils von vorneherein, teils wenigstens dann, wenn einmal die Anwendung des Gesetzes eine gewisse Klärung geschaffen hat, zumal aber dann, wenn die Anwendung des Gesetzes zeigt, daß es kaum jemals gelingen wird, eine Einigung über die Auslegung des Gesetzes zu erzielen. Wenn ich dies ausspreche, so liegt darin nicht ein Mißtrauensvotum für die Gerichte, wie mir Magnus vorwirft. Es ist eben Tatsache, daß die Rechtsanwendung der Gerichte über streitige Fragen oft in Jahrzehnten eine Einigung nicht herbeizuführen vermag. Wo bleibt da „die schöpferische Kraft der Jurisprudenz", auf die mich Magnus verweist? Was helfen dem Verkehr, der ein sicheres Recht verlangt, „die Notwendigkeit der Freiheit des Richters in der Gesetzauslegung" und „die Prinzipien, von denen unsere modernen Gesetze ausgehen?" Prinzipien sind gut, und ich bin der letzte, der Prinzipien- und Systemlosigkeit predigte; aber man darf auch nicht Prinzipienreiterei treiben, und gute Gedanken und das Streben nach Wissenschaftlichkeit nicht auf die Spitze treiben.

Die Fragen, die sich für eine Behandlung durch den Gerichtshof eignen, werden meist Rechtsfragen sein, die typische Fälle betreffen und täglich im Rechtsleben wiederkehren, Rechtsfragen, die so einfach scheinen, daß man meint, man brauche nur ins Gesetz hineinzusehen, um auf die Frage die Antwort zu finden. Nicht aber wird der Gerichtshof tätig werden für Fragen, die ein verwickeltes Ineinandergreifen mannigfacher Rechtssätze und Gesetzesstellen zeigen, und nicht für Fälle, die nichtalltägliche Besoderheiten zeigen. Für Fälle dieser Art wird auch in alle Zukunft die Entscheidung nicht anders als durch Richterspruch erfolgen.

d) Verursacht sind die Streitfragen zu einem guten Teil durch eine Ueberhastung unserer Gesetzgebung. Durch eine sorgfältigere Durcharbeitung der Gesetze könnte sicherlich eine Beschränkung der Streitfragen erreicht werden, und es ist daher gegenüber meinem Vorschlage auch geltend gemacht worden, daß es in erster Linie gelte, auf eine Vermeidung jener Ueberhastung hinzuwirken.

Einem Streben nach dieser Richtung wäre natürlich voller Erfolg zu wünschen. Aber mit Gesetzen läßt sich einer solchen Ueberhastung nicht beikommen; Abhilfe wäre — wie jene Stimme selbst bemerkt — nur möglich durch fortschreitende Belehrung über die Schäden einer überstürzten Gesetzgebung und durch Selbstzucht aller Personen, die bei der Schaffung der Gesetze mitzuwirken haben.

Ich fürchte, wenn wir hievon das Heil erwarten, bleibt eine gründliche Besserung für immer ein frommer Wunsch. Mit dessen Erfüllung ist umsoweniger zu rechnen, je verwickelter sich der Verkehr gestaltet, je rascher die Gesetze verbraucht werden und veralten, und je mehr sich das Arbeitsfeld unserer gesetzgebenden Versammlungen erweitert. Kann man aber ein Uebel nicht mit der Wurzel ausrotten, so darf man nicht unterlassen, von dem Heilmittel gegen die Erscheinungen des Uebels Gebrauch zu machen. Dabei ist weiter zu beachten, daß ja nicht nur die Ueberhastung unserer Gesetzgebung jene Flut von Streitfragen schafft. Auch bei gründlicher Durcharbeitung der Gesetze würden solche Zweifelsfragen nicht verschwinden, so daß also auch gegenüber einer tadellos arbeitenden Gesetzgebung das Bestehen eines Auslegungsgerichtshofs seine Berechtigung nicht verlöre.

Nun hat freilich jene Stimme auch die Befürchtung ausgesprochen, die Schaffung einer Auslegungsstelle möchte die Neigung zu einer Ueberhastung der Gesetzgebung fördern, weil man sich darauf verlassen könnte, daß ja jene Stelle da sei, die Schäden der Ueberhastung gut zu machen.

Ich verkenne nicht, daß manchmal, wenn nicht ausgesprochen so doch im Innern, ein Abgeordneter bei der Einbringung eines Verbesserungsvorschlags auf das Bestehen der Auslegungsstelle sündigen könnte. Aber es werden wohl solche Fälle nicht zu häufig sein. Außerdem aber — vielleicht wäre es das schlimmste nicht, wenn man mitunter dem Auslegungsgerichtshof vertrauensvoll die Einzelausgestaltung eines Gesetzes überließe, statt sich in heißem, eiligem parlamentarischen Ringen um eine alle Zweifel und Streitfragen ausschließende Gesetzesfassung zu bemühen! Jedenfalls, meine ich, muß die bezeichnete Gefahr gegenüber den Vorteilen einer Auslegungsstelle mit in Kauf genommen werden, und man darf dem Verkehr jenes Heilmittel nicht vorenthalten, weil gelegentlich einer auf das Heilmittel sündhaft bauen könnte.

e) Vielfach werden die aufzustellenden Auslegungssätze Fragen betreffen, die nicht durch eine im Verkehr sich bildende Uebung entschieden werden, sondern die eine positive Regelung im Gesetze erfordern. So wird sich der Auslegungsgerichtshof ebenso wie der Spruchrichter lediglich auf die Auslegung des Gesetzes nach seinem Wortlaut und seinem Zweck angewiesen sehen, wenn es sich etwa um die Frage handelt, ob ein Anspruch bestimmter Art unter eine gewisse Verjährungsvorschrift falle, oder ob eine gewisse Zuständigkeitsvorschrift Ansprüche bestimmter Art umfasse.

Nicht selten aber auch sind die Fragen derart, daß ihre Lösung davon abhängt, welche Gepflogenheiten sich allgemein im Verkehr entwickelt haben, so daß also der Verkehr, der sich auf dem Boden des bestehenden Rechtes abwickelt, den näheren Inhalt des Gesetzes durch die Gleichmäßigkeit der geschlossenen Rechtsgeschäfte bestimmt. Wenn, wie Danz[10]) ausführt, der Richter diese Gepflogenheiten des Verkehrs seinem Urteil zugrunde legt, wenn er also bei seinem Urteil das, was sich allgemein im Verkehr als das übliche, als das gesetzmäßige, als das notwendige abspielt, als geltendes Recht behandelt, so würde das gleiche für den Auslegungsgerichtshof gelten. Während aber die Entscheidungen der Gerichte sich neuen Boden nur schrittweise erobern können und der Erfolg immer davon abhängt, ob andere Gerichte gleichfalls den Mut finden, auf dem neu gewiesenen Wege nachzufolgen, jedenfalls aber immer die Gefahr einer lange dauernden Rechtsunsicherheit besteht, könnte der Auslegungsgerichtshof eine Stelle werden, wo in autoritativer Weise festgestellt würde, welche Aeußerungen des Verkehrs sich zu Verkehrsgewohnheiten, zur Verkehrssitte verdichtet haben und demnach zu Rechtssätzen geworden sind, die alle binden.

So könnte der Gerichtshof, im richtigen Geiste geleitet, der Weiterentwicklung des Rechtes in vorzüglicher Weise dienen. Wenn der Richter, beim Fehlen ausdrücklicher Gesetzesbestimmungen über spezielle Tatbestände einer neuen Verkehrsentwicklung die Lösung aus den vorliegenden allgemeinen Bestimmungen finden muß, und wenn so für neue Rechtsgebilde Rechtssätze erst zaghaft, dann immer sicherer aufgestellt werden, bis schließlich die Gesetzgebung den neuen Stoff unter Anlehnung an die bisher gewonnenen Ergebnisse von Wissenschaft und Rechtsprechung regelt, so könnte der Auslegungsgerichtshof nicht minder der Gesetzgebung vorarbeiten. Ja noch mehr. Wenn es ihm nicht am Mut und an dem weiten Blick für die Erfordernisse des Verkehrs mangelt, so wäre er in der Lage, einer neuen Verkehrsentwicklung aus dieser Entwicklung heraus ihr Recht zu geben, so daß also, um bei einem von Danz erwähnten Beispiel zu bleiben[11]), die Erlassung eines Verlagsgesetzes vielleicht nicht notwendig gewesen wäre. Der Grund wenigstens,

[10]) Rechtsprechung nach der Volksanschauung und nach dem Gesetz, S. 21 flg., 44 flg., 66 flg.

[11]) A. a. O. S. 24.

der zur Erlassung dieses Gesetzes geführt hat: daß der durch die Wissenschaft und die Rechtsprechung geschaffene Rechtszustand in vielen Richtungen unsicher und bestritten gewesen sei — dieser Grund hätte nicht bestanden, wenn nicht bloß die Ergebnisse von Wissenschaft und Rechtsprechung, sondern Rechtssätze des Auslegungsgerichtshofes vorgelegen wären. In ähnlicher Weise könnte sich der Gerichtshof, um ein weiteres Beispiel zu geben, durch den Ausbau des internationalen Privatrechts gegenüber der jetzt vielfach bestehenden Rechtsunsicherheit ein Verdienst erwerben.

Dabei bräuchte es sich nicht notwendig um eine planmäßige und erschöpfende Regelung einer solchen Gruppe von Rechtsfragen zu handeln; die Regelung könnte, wo dies vorteilhafter wäre, auch nach und nach erfolgen, je nach der Dringlichkeit der Beantwortung der einzelnen Frage und je nachdem die einzelne Frage spruchreif erscheint. Auch ein solches schrittweises Vorgehen stünde gegenüber dem heutigen Zustande eines allmählichen Ausbaues durch die Rechtsprechung nicht zurück und böte dabei vor diesem den wertvollen Vorzug der Rechtssicherheit.

f) Die Auswahl der Rechtsfragen wird Sache des juristischen Taktes sein, mit dem der Ausschuß des Gerichtshofes und dieser selbst ihres Amtes walten sollen.

Warum soll der Gerichtshof, wenn man die richtigen Männer dazu beruft, hiezu nicht geeignet sein? Und warum sollte die Reichsregierung nicht hier wie z. B. beim Reichsgerichte den Willen und die Möglichkeit haben, die geeignetsten Männer in den Gerichtshof zu berufen? An der Möglichkeit hiezu ist umsoweniger zu zweifeln, als ja der von mir angenommene Mitgliederstand des Gerichtshofes mäßig hoch ist.

Unter diesen Umständen ist es sicher gerechtfertigt, wenn sich mein Vorschlag im wesentlichen auf dem Vertrauen zu dem wissenschaftlichen Geiste ebenso wie zu dem praktischen Blick des Gerichtshofes aufbaut. Wohl wird auch der Gerichtshof mitunter fehlgreifen, wohl wird auch an seinem Wirken berechtigte und noch öfter unberechtigte Kritik geübt werden. Aber er wird damit nur das Schicksal jeder andern menschlichen Einrichtung teilen, nicht zuletzt das Schicksal unseres Reichsgerichts. Dabei mag in diesem Zusammenhange noch besonders darauf hingewiesen werden, daß die Verbesserung eines begangenen Mißgriffes ohne besondere Schwierigkeit erfolgen könnte.

g) Aus der sachlichen Beschränkung im Wirkungskreise des Gerichtshofes ergibt sich aber wiederum, daß für die Tätigkeit des Spruchrichters immer noch ein weites und reiches Feld bleibt. Ihr wird eine unerträgliche Verengerung umsoweniger erwachsen, je verwickelter sich bei fortschreitender Verkehrsentfaltung die Rechtsbeziehungen gestalten werden. Dabei wird übrigens die dem Richter des Einzelfalls bleibende Arbeit mehr Reiz bieten, als die Tätigkeit, die der Auslegungsgerichtshof zu entfalten haben wird, und zwar nach einer doppelten Richtung: nicht nur sind die Fragen, die dem Richter zur Entscheidung vorbehalten bleiben, die Fragen verwickelteren Ineinandergreifens der Gesetze in Fällen, die nicht alltäglich sind, die wissenschaftlich anregenderen; sondern es bleibt ja dem Richter des Einzelfalls die Erhebung und Feststellung des Tatbestandes, die des Reizes gewiß nicht entbehrt.

Das Ergebnis der Tätigkeit des Gerichtshofs würde im wesentlichen darin bestehen, daß der Rechtsprechung die Streitfragen, die eine stets erneute unfruchtbare Befassung notwendig machen, abgenommen und dadurch die Hemmnisse aus dem Wege geräumt werden, die sich einer sicheren Ausübung der Rechtsprechung auf Schritt und Tritt entgegenstellen. Wenn mir ein allerdings drastischer Vergleich gestattet ist: statt daß jeder, der mit seinem Gefährte die Straße benützt, Unebenheiten und Schäden der Straße mit dem rasch herbeigeholten Material notdürftig für seine Fahrt zurecht richten muß, wird ein Straßenwärter aufgestellt, der den Zustand der Straße dauernd zu überwachen und mit beständigem Material den Unebenheiten und Schäden abzuhelfen hat. Für den Fahrer bleibt noch genug zu tun, wenn er Pferd und Wagen richtig leitet und den Fahrgast sicher zum Ziele führt, sei es im unübersichtlichen, bergigen Gelände, sei es bei Regen oder Nebel oder in der Dunkelheit, sei es in der starken Eile der Fahrt.

5. Was die Einzelheiten meines Vorschlages anlangt, so habe ich auch jetzt (abgesehen von einigen Nebenpunkten) keinen Anlaß, an dem ursprünglichen Plane etwas zu ändern.

a) Nach den Ausführungen unter 4. muß ich es für eine Verbesserung halten, wenn grundsätzlich in allen Fragen der Gerichtshof zu bestimmen hätte, ob eine Rechtsfrage entschieden werden solle; es wäre damit eine möglichst zielbewußte und gleichmäßige Beurteilung der Frage gesichert, ob sich die Rechtsfrage ihrer Natur nach zur Entscheidung eigne oder nicht. Den Reichsämtern, den Regierungen der Bundesstaaten, dem Reichsgericht usw. könnte ein Antragsrecht in dem Sinne eingeräumt werden, daß die betreffende Rechtsfrage dem Plenum des Gerichtshofes vorgelegt werden und nun dieses darüber entscheiden müßte, ob die Frage ihre Beantwortung durch den Gerichtshof finden könne. Darin, daß grundsätzlich dem Gerichtshof selbst die Entschließung darüber eingeräumt würde, welche Streitfragen bearbeitet werden sollen, erblicke ich die sicherste Gewähr für ein ersprießliches Wirken. Denn während es heute immer Sache des Zufalls ist, welche Rechtsfragen an die höchsten Gerichte gelangen, und während es, wo den Präjudizien die Kraft bindender Rechtsnormen verliehen ist, nicht minder Zufall ist, welche Streitfragen bindend entschieden werden, wichtige und unwichtige, geeignete und ungeeignete — im Gegensatze hierzu hätte der Auslegungsgerichtshof in hohem Grade die Möglichkeit, wissenschaftlich einwandfrei, planmäßig die Fragen auszuwählen, die sich zur Auslegung eignen und (was auch ich für sehr wesentlich halte) die Fragen aus seinem Arbeitsfelde auszuscheiden, deren Behandlung schädlich wäre.

b) Man könnte daran denken, den einzelnen Beteiligten, die an der Entscheidung einer Rechtsfrage ein Interesse haben, den vorgeschlagenen Gerichtshof zur Verfügung zu stellen.

Das könnte in der Weise in Frage kommen, daß den Personen, für deren Rechtsbeziehungen eine gewisse Rechtsfrage fortdauernd, immer neuerdings, von Bedeutung ist (wie z. B. für einen Großindustriellen eine streitige Frage des Gewerberechts) das Recht gegeben würde, die Entscheidung der Frage von dem Gerichtshof zu verlangen. Allein es geht offenbar nicht an, den Beteiligten ein solches Recht einzuräumen; denn gerade darauf muß Gewicht gelegt werden, daß ausschließlich der Gerichtshof selbst darüber zu entscheiden hätte, welche Fragen zu seiner Behandlung geeignet seien. Selbstverständlich aber wäre es jedermann unbenommen, eine Frage, deren Entscheidung ihm von Wichtigkeit wäre, dem Gerichtshofe vorzulegen. Denn dieser wird das Gute nehmen, woher es ihm kommt, und solche Anregungen wären als Anzeichen dafür von Wert, daß die Unsicherheit über eine Rechtsfrage im Verkehr als Uebelstand empfunden werde.

Der Gerichtshof könnte den Beteiligten auch in der Weise zur Verfügung gestellt werden, daß er bei eingetretenen Streitfällen auf den Antrag der Beteiligten eine Rechtsfrage, die für den Streit von Bedeutung ist, zu entscheiden hätte.[12]) Ein Wirken dieser Art wäre wesentlich verschieden von der Tätigkeit des Auslegungsgerichtshofes, wie sie mir vorschwebt. Beide Arten des Wirkens schließen sich aber nicht aus. Durch eine Betätigung im Sinne Kohlers wäre ein Wirken in meinem Sinn nicht überflüssig gemacht, und es könnte ein und derselbe Gerichtshof offenbar auch beide Betätigungen in sich vereinigen.

Ich hätte also an sich gegen den Vorschlag Kohlers, der in seiner Weise gewiß Nutzen stiften könnte, nichts einzuwenden; ja ich kann ihn als Bundesgenossen begrüßen. Denn wenn er, auf geschichtliche Vorbilder

[12]) So Kohler, Archiv für Rechts- und Wirtschaftsphilosophie a. a. O. In ähnlicher Weise bemerkt Sörgel im Recht 1911 S. 26: „Die Anrufung des Reichsgerichts unter Ausschluß der Unterinstanzen sei nur eine Frage der Zeit.“ Ebenso dann wohl auch eine Anrufung der obersten Verwaltungsgerichte oder gegebenenfalls des Reichsversicherungsamtes? — wobei man dann schon wieder an die Gefahr von Zuständigkeitsstreiten denken müßte. Ferner: Soll die Anrufung des Reichsgerichts nur stattfinden, wenn für den Fall eines Rechtsstreits die Voraussetzungen der Revision gegeben wären? Soll die Einrichtung der römischen Reskripte wieder aufleben, so ist es jedenfalls geboten, damit eine eigene Behörde, einheitlich für das gesamte Reichsrecht, zu betrauen.

gestützt, früher auf Verwirklichung zu rechnen hätte als mein Plan, so müßte sich aus einer Einrichtung im Sinne Kohlers durch einfache Weiterbildung doch der Gerichtshof ergeben, wie ich ihn vorschlage. Das ergibt folgende Ueberlegung.

Will man, mit Kohler, die von dem Gerichtshofe auf den Antrag der Beteiligten ergangene Entscheidung nur für diese Beteiligten und nur für den bestimmten einen Rechtsfall verbindlich sein lassen, so würde dies dahin führen, daß heute diese und morgen für genau die gleiche Rechtsfrage unter denselben oder anderen Beteiligten eine andre Entscheidung ergehen könnte und daß ferner der Gerichtshof ein und dieselbe Rechtsfrage vielleicht dutzendmal zu entscheiden bekäme. Dies würde dazu drängen, daß die bindende Wirkung erweitert würde: die einmal ausgesprochene Entscheidung müßte verbindlich werden für alle, wenigstens solange bis sie durch eine spätere außer Kraft gesetzt würde. Eine solche Regelung der Sache aber litte an einem dreifachen Mangel: auch hier hinge es, und zwar in ganz besonderem Grade, vom Zufall ab, welche Fragen so zur bindenden Entscheidung kämen. Ferner ist es immer bedenklich, die Geltung eines nun einmal nur auf der Grundlage eines Einzeltatbestandes aufgestellten Rechtssatzes zu verallgemeinern. Endlich aber: wodurch ließe sich die Einschränkung rechtfertigen, daß der Gerichtshof nur dann tätig werden solle, wenn ein Rechtsstreit bereits vorliege, und nur auf den Antrag bestimmter Beteiligten? Wenn eine Rechtsfrage streitig ist in Literatur und Rechtsprechung, also streitig in einer Weise, daß heute A und B, morgen C und D hiewegen in einen Rechtsstreit verwickelt werden können, warum dann erst abwarten, bis die Streitfrage brennend geworden ist und A und B oder C und D sie an den Gerichtshof bringen? Das Erfordernis eines bestehenden Streitfalls wäre ja auch leicht zu umgehen: wer eine Rechtsfrage entschieden sehen wollte, bräuchte nur einen Streitfall vorzutäuschen. Das käme nicht teuer; denn da es sich nur um die Erteilung einer Rechtsauskunft handelte, die zudem meist nur durch die Unvollkommenheit des staatlichen Gesetzes veranlaßt ist, könnten die Gebühren für die Tätigkeit des Gerichtshofs, auch wenn sie nur auf Antrag der Beteiligten erfolgte, nicht hoch bemessen werden.

Ich meine also, gegenüber dem alten Verfahren der römischen Reskripte ist das Wirken eines Auslegungsgerichtshofes nach meinem Vorschlage nichts anders als der sachgemäße Ausbau und die Vervollkommnung eines ursprünglichen, einfacheren Gedankens. Würde also das Verfahren der römischen Reskripte wieder aufgenommen, so müßte die natürliche Weiterentwicklung der Einrichtung zu einem Auslegungsgerichtshof nach meinem Vorschlage führen, und man dürfte hievor nicht zurückschrecken, wollte man sich nicht dem Vorwurfe aussetzen, man sei auf dem halben Wege stehen geblieben.

6. Ich glaube, daß mein Vorschlag mit seinen Einzelheiten die Mängel, die früheren Versuchen angehaftet haben, vermeidet. Ich glaube weiter, daß der Gerichtshof, in der richtigen Weise geleitet, eine durchaus moderne Einrichtung werden müßte, und daß ihm ein weit höherer Grad von Durchführbarkeit und Lebensfähigkeit innewohnt als seinen Vorgängern in den Jahrhunderten.

Wie aber schon in meinem ersten Aufsatz bemerkt, bin ich nicht auf die Einzelheiten meines Vorschlages versessen, wenn sich die Vorteile der vorgeschlagenen Einrichtung auf andere Weise ebensogut oder besser erreichen lassen. Nur freilich müßte es besser sein als all das, was mir in der Richtung bisher bekannt geworden ist.

a) Von befreundeter Seite wurde ich auf die Bestimmungen in § 28 Abs. 2 GFG. und in § 79 Abs. 2 GBO. hingewiesen; man meinte, auf dieser Grundlage und durch Erweiterung dieser Bestimmungen auf die Revision der streitigen Rechtspflege ließe sich erreichen, was mein Vorschlag wolle, und ohne daß die richterliche Tätigkeit eine Einschränkung erführe. Die gute Absicht und die günstige Wirkung jener Gesetzesstellen in allen Ehren — aber das, was der Auslegungsgerichtshof schaffen sollte, können sie nicht schaffen, selbst wenn es gelänge, den in den Vorschriften liegenden Gedanken in ähnlicher Weise auf alle Rechtsfragen auszudehnen. Die Sache hätte vor allem den einen großen Uebelstand, daß, bevor das in letzter Linie eben erst anzugehende Reichsgericht gesprochen hätte, doch niemand wüßte, was Rechtens ist, und ferner daß dann, wenn es gesprochen hätte, die Sache um kein Haar anders läge, als wenn heute das Reichsgericht eine Entscheidung erlassen hat: daß dann der, für dessen Rechtslage die Entscheidung ungünstig lautet, zwar recht wenig Aussicht auf Erfolg hat, sein Gegner aber doch nicht mit Sicherheit auf den Sieg rechnen kann.

b) Von anderer Seite wurde geltend gemacht, um Rechtseinheit und Sicherheit mit einem Schlage zu gewinnen, bräuchte sich nur das Reichsgericht zu entschließen, seinen bisherigen [offenbaren Abscheu gegen die wertvolle Einrichtung des § 137 GVG. aufzugeben; denn gegen eine Plenarentscheidung des Reichsgerichts werde sicher kein Gericht ankämpfen wollen.

Letzteres mag praktisch zutreffen, obwohl auch hier eine Sicherheit, wie sie die authentische Auslegung des Gesetzes bietet, nicht gegeben ist. Niemand wüßte, wie sich etwa das oberste Verwaltungsgericht eines Bundesstaats oder das Reichsmilitärgericht zu einer von den vereinigten Strafsenaten des Reichsgerichts oder selbst vom Plenum des Reichsgerichts entschiedenen Frage stellen möchte. Auch denke man daran, daß solche Plenarentscheidungen von dem bayerischen obersten Landesgerichte ebenso wie von den vereinigten Senaten des Reichsgerichtes ergehen könnten —

und zwar im gegenteiligen Sinne. Höchst seltene Fälle, gewiß, aber doch Möglichkeiten! Wichtiger ist, daß die Tatsache, daß das Reichsgericht keine Freude an dem § 137 GVG. hat, ihre sehr begreiflichen Gründe hat, die ich hier nicht näher zu erörtern brauche; die Abneigung wird sich also so leicht nicht mindern lassen. Außerdem aber, und das ist mir das schwerstwiegende gegen eine hohe Wertung des § 137: hier würde in ganz besonderem Grade der schon anderwärts erwähnte Umstand ins Gewicht fallen, daß es allzusehr Sache des Zufalls wäre, welche Rechtsfragen gerade zu einer Plenarentscheidung des Reichsgerichts führen würden, und daß ganz gewiß hunderten von bestrittenen Rechtsfragen die Wohltat einer Plenarentscheidung des Reichsgerichts auf Jahrzehnte hinaus nicht zuteil werden würde.

Im Gegensatze zu jener hohen Wertung des § 137 haben sich übrigens andere Stimmen geradezu für eine Abschaffung des § 137 ausgesprochen — mit Gründen, die viel für sich haben.

Für Rechtsfragen, die für das Rechtsleben wichtig genug sind, eine einheitliche Gesetzesanwendung als dringend geboten erscheinen zu lassen, würde die Erlassung des Spruches eines Auslegungsgerichtshofs das gleiche erreichen, was § 137 anstrebt — nur weniger umständlich und viel wirksamer als dieser.

Erst während des Druckes bin ich auf einen Aufsatz von Silberschmidt in der Zeitschrift für internationales Recht Bd. 20 S. 487 ff. aufmerksam geworden. Der Verfasser behandelt hier die Frage, welches Recht auf Schuldverhältnisse im internationalen Verkehr anzuwenden sei, führt aus, daß die Rechtsprechung des Reichsgerichts hierüber die Einheitlichkeit vermissen lasse, und klagt, daß das Reichsgericht auch hier wieder geflissentlich der Anwendung des § 137 GVG. aus dem Wege gegangen sei. Hiebei erwähnt er (S. 501) meinen Vorschlag der Errichtung eines Auslegungsgerichtshofes und meint, dieser würde hier, wie in so manchen anderen Fragen auch, versagen, weil es nichts auszulegen gebe. Diese Bemerkung gibt mir Veranlassung, hier etwas nachzuholen, was ich an früherer Stelle vielleicht nicht klar genug zum Ausdruck gebracht habe.

Silberschmidt faßt den Begriff des „Auslegens" zu enge. Auslegung in dem Sinne, wie ich das Wort nehme, ist nicht bloß die Auslegung der geschriebenen Rechtsnormen, sondern ist allgemein die Feststellung des Inhalts des bestehenden Rechts (im Gegensatz zur Neuschaffung von Recht), und es fällt darunter auch noch die Ermittlung der Rechtssätze, die sich aus den Verkehrsgepflogenheiten ergeben (vgl. hiezu meine Ausführungen unter III 4e). Was auf so heiß umstrittenen Gebieten wie dem des internationalen Rechtes von unseren höchsten Gerichten an Rechtssätzen (nicht bloß als Auslegung des

Vertragswillens im Einzelfalle) ausgesprochen wird, ist jedesmal nichts anders als ein Ausspruch, daß diese Norm Recht sei — bestehendes Recht. Denn freilich kann man mit Grund von einer „normenschaffenden Bedeutung der reichsgerichtlichen Rechtsprechung" reden, da, zumal auf unklaren, bestrittenen Rechtsgebieten, die sich eines geschriebenen Rechtes nicht erfreuen, jede Entscheidung eines jeden Gerichts und vorzüglich des Reichsgerichts mitarbeitet an der Festigung des objektiven Rechts und an seinem Ausbau. Aber das ist, genau besehen, doch nur ein willkommenes Nebenergebnis der Rechtsprechung und ist grundsätzlich nicht der eigentliche Inhalt dieser Rechtsprechung. Denn nach der heute in Deutschland noch ganz überwiegend geltenden Auffassung über die Rechte und Pflichten des Richters und über die Art und rechtliche Natur der Rechtsprechung können eben auch unsere höchsten Gerichte Recht nicht schaffen, sondern nur das bestehende Recht anwenden.[13])

Wenn also das Reichsgericht eine Plenarentscheidung über die von Silberschmidt behandelte Frage erließe, so wäre das nicht Rechtschaffung, sondern wäre Feststellung, daß dieser Rechtssatz dem bestehenden Rechte angehöre, also, da dieser Satz nirgends klar und unzweideutig ausgesprochen ist, Auslegung des, wie die Rechtsanwendung zeigt, unklaren, bestrittenen, verworrenen — nicht geschriebenen, aber eben doch bestehenden Rechtes. Woraus sich ergibt, daß auch für die Tätigkeit eines Auslegungsgerichtshofes hier ein Feld gegeben wäre, und nach Silberschmidts Ausführungen ein höchst dankbares Feld obendrein.

c) Wenn mir, wieder von anderer Seite, bemerkt wird, daß ein Auslegungsgerichtshof nicht erforderlich wäre, wenn einem beim Reichsgerichte gebildeten Senate die Aufgabe zugewiesen würde, über streitige Rechtsfragen losgelöst von bestimmten Rechtsstreiten bindende Auslegungssätze zu erlassen, so enthält das offenbar nur einen sehr unwesentlichen Verbesserungsversuch.

Ich halte ihn aber aus verschiedenen Gründen nicht für ausführbar.

Erstens ist es sicher unerwünscht, das Reichsgericht mit einer neuen Geschäftsaufgabe zu belasten, mit einer Arbeit zudem, die, wenn auch seiner bisherigen Tätigkeit nahe verwandt, so eben doch zum Teil wieder wesent-

---

[13]) Auf dieser Grundlage kommt Danz a. a. O. S. 67 zu der Folgerung, daß der Richter einen geltend gemachten Anspruch abweisen müsse, wenn zur Begründung des Anspruches weder das Bestehen eines Rechtssatzes, noch eine Vereinbarung der Beteiligten, noch das Bestehen einer Verkehrsübung vorliege. Für Deutschland gilt der Satz des Schweizer Rechtes nicht, daß der Richter im äußersten Falle, wenn alle Rechtsquellen versagen, sein Urteil nach der Regel zu sprechen habe, die er als Gesetzgeber aufstellen würde. (Wenn übrigens dieser Satz einmal auch für den deutschen Richter gelten wird, so werden doch die Fälle seiner Anwendung naturgemäß verschwindend selten sein.)

lich davon verschieden ist. Zweitens könnte ein Senat (wohl in der Besetzung von sieben Mitgliedern) seiner Zahl nach nur eine Tätigkeit von mäßigem Umfange entfalten, von einem Umfange, der die Auslegungstätigkeit nicht ergiebig genug erscheinen lassen möchte. Drittens aber und namentlich hätte ich gegen die Uebertragung der bindenden Auslegung an einen reichsgerichtlichen Senat das einzuwenden, daß ich einem solchen Senate nicht diejenige Autorität einräumen möchte, die für eine bindende Gesetzesauslegung gefordert werden muß. Diese kann nur einer Körperschaft übertragen werden, deren Sprüche allseits, durch das Gewicht der Besetzungszahl und durch die volle Selbständigkeit gegenüber andern Behörden, Ansehen fordern könnte. Einem reichsgerichtlichen Senate eine solche Autorität zu verleihen, ginge umsoweniger an, als die Aussprüche der bindenden Gesetzesauslegung nicht bloß für die Reichsämter und die Regierungen der Bundesstaaten und all deren Behörden verbindlich sein müßten, sondern auch für die dem Reichsgerichte gleichgestellten anderen obersten Gerichte des Reichs, das Reichsmilitärgericht und ein etwaiges Reichsverwaltungsgericht! Aus diesem Gesichtspunkte möchte ich eine wesentliche Einrichtung des vorgeschlagenen Gerichtshofes gerade auch darin erblicken, daß der Gerichtshof immer in seiner vollen Besetzung, nicht in einer Gliederung nach Senaten, die Auslegungssätze zu beschließen hätte. Daß hiebei der Ausschuß des Gerichtshofs mit der Ausarbeitung der Gutachten bezüglich der zu behandelnden Rechtsfragen jeweils solche Mitglieder beauftragen wird, denen die Frage vermöge ihrer früheren Amtstätigkeit am meisten „liegt", ist natürlich und ist geeignet, das Wirken des Gerichtshofes zu fördern.

Wenn ich mich so gegen die Uebertragung der bindenden Auslegung an einen Senat des Reichsgerichts ausspreche, so soll damit nicht gesagt sein, daß nicht für die bindende Auslegung von streitigen Rechtsfragen des Landesrechts die in den einzelnen Bundesstaaten hiefür zu errichtenden Stellen in irgend einer Weise einem in dem Bundesstaate bestehenden obersten Gerichte angegliedert werden könnten. Hier wird sich im Gegenteil eine solche Angliederung deshalb empfehlen, weil es sich nur um einen wesentlich beschränkteren Kreis von Rechtsfragen handelt.

7. Mit dem Vorschlage von Dyroff (Annalen S. 434, 435), der Regierung ein Veto gegen die Entscheidungen des Gerichtshofes einzuräumen, kann ich mich nicht befreunden. Wollte man ein solches Veto vorsehen, so könnte es nicht einseitig der Regierung gegeben werden, sondern die Entscheidung des Gerichtshofes dürfte erst veröffentlicht werden, wenn auch der Reichstag nichts einzuwenden hätte — eine Maßregel aber, die sich natürlich von selbst verbietet, da sie dem Gerichtshofe seinen ganzen Wert nehmen würde, der gerade darin liegt, daß die Schwerfälligkeit der Gesetzgebung in Fragen der Gesetzesauslegung ver-

mieden wird. Halten die Organe der Gesetzgebung eine vom Gerichtshofe gefundene Gesetzesauslegung wirklich für so nachteilig und unsachgemäß, so steht ja nichts entgegen, auf dem gewöhnlichen Weg das Gesetz zu ändern oder auch schließlich, es (dem Ausspruche des Gerichtshofes vorgehend) im Wege der Gesetzgebung bindend auszulegen.

8. Bei den Anhängern der Freirechtslehre wird mein Vorschlag keine begeisterte Aufnahme finden. Es scheint ja allerdings, als ob auch die entschiedensten Verfechter der radikalen Gedanken das Bestehen von Gesetzen nicht für entbehrlich hielten, so wie ja Fuchs selbst zwar die deutsche ZPO. und das BGB. verwirft, aber sie doch durch die österreichische Prozeßordnung und das schweizerische Zivilgesetzbuch ersetzt wissen möchte. Also Gesetze brauchen auch sie, und zwar nicht bloß Gesetze mit allgemeinen Richtlinien, sondern mit einer großen Zahl ausdrücklicher Einzelbestimmungen. Ich könnte mir auch nicht denken, wie z. B. die Frage, in welcher Zeit ein bestimmter Anspruch verjähre, und bei welchem Gerichte ein bestimmter Anspruch anzubringen sei, anders als durch eine ausdrückliche Gesetzesbestimmung geregelt werden könnte. Auch bezüglich solcher Fragen aber, die schlechthin nicht anders als durch das Gesetz geregelt werden können, ergeben sich aus unscharfer Fassung oder aus Lücken des Gesetzes streitige Rechtsfragen. Nun werden zwar — nach der Meinung der Freiheitslehre — die Richter dieser Schule solche Fragen viel besser lösen als dies die Richter von heute tun; aber es wird sich doch daran nichts ändern, daß streitige Rechtsfragen bestehen — und bestehen bleiben. Denn auch unter den Richtern der neuen Schule wird es nicht eitel Einigkeit in Rechtsfragen geben.

Ich könnte mir also nicht vorstellen, daß selbst die Freirechtsschule glauben sollte, einen Vorschlag der von mir gedachten Art grundsätzlich ablehnen zu müssen. Für die Frage allerdings, in welchen Fällen der vorgeschlagene Gerichtshof tätig zu werden hätte, nach welcher Methode er bei der Auslegung vorzugehen, wie er die Auslegungssätze zu fassen hätte, könnte es von Einfluß sein, ob und inwieweit sich die Lehren der Freirechtsschule Eingang und Anerkennung zu verschaffen vermögen. Wenn dann solche Rechtssätze, die der Streitrichter für den einzelnen Fall nach der Methode der Freirechtsschule zu entwickeln hätte, der Auslegungsgerichtshof um deswillen, weil die Fragen typische Fälle betreffen, auf Grund dieser selben Methode der Auslegung in allgemein bindender Weise ausspricht, so sollte dagegen auch vom Standpunkte der Freirechtsschule aus weiter nichts einzuwenden sein.

Die Freirechtsschule hat die Erzielung einer Rechtsprechung im Auge, die möglichst den Anforderungen des Verkehrs und modernen Anschauungen Rechnung tragen soll, und sie will die Richter zu einer solchen Höhe der Rechtsprechung erziehen. Ob der Weg, den sie geht, zu diesem Ziele führt, kann hier dahin gestellt bleiben. Denn mag die Rechtsprechung auch — so oder so — immer mehr verbessert werden, so ist damit allein noch nicht alles getan. Neben dem Streben nach einer Verbesserung der Rechtsprechung muß das noch wichtigere Streben einhergehen, die Gesetzgebung zu vervollkommnen. Diese Vervollkommnung darin zu suchen, daß auf die Erlassung von Einzelvorschriften möglichst verzichtet werde, halte ich, wie schon ausgeführt, für verfehlt. Auf die Frage, ob es den Richter erfreut oder verdrießt, wenn er bezüglich einer streitigen Rechtsfrage einen bindenden Rechtssatz nicht vorfinde,[14]) darf nicht so viel Gewicht gelegt werden. Denn mag auch er sich darüber freuen, daß ihm bei dem Mangel eines ausdrücklichen Rechtssatzes zu einer ganz seinem Rechtsgefühl entsprechenden Entscheidung freie Bahn gegeben ist, so ist es doch ein ander Ding, ob ein solcher Zustand auch für den Verkehr erstrebenswert ist. Dieser aber verlangt, wie früher ausgeführt, eine sichere Grundlage, zumal in den vielen Fragen, die eben nur durch positive Gesetzesbestimmung gelöst werden können. Das Bestehen solcher ins einzelne gehenden Gesetzesbestimmungen enthält aber auch keine unerträgliche Beengung für die Entscheidung des Richters. Im Gegenteil wird auch dieser am ersprießlichsten wirken, wenn er auf sicherem Rechtsboden bauen kann — dann aber freilich auch sich beim Bauen nicht kleinlich und unbeholfen zeigt, sondern mit freiem Blick für die Zwecke der gesetzlichen Bestimmungen und für die Anforderungen eines gesunden Verkehrs ein Gebäude errichtet, das ohne Fehl und Tadel besteht.

9. Belehrend ist ein Vergleich zwischen den heute noch in England bestehenden Einrichtungen und dem vorgeschlagenen Gerichtshofe. Der Uebersichtlichkeit halber will ich einige besonders deutliche Gegensätze zusammenstellen, wobei ich für die Verhältnisse des englischen Rechts auf Gerland, Die englische Gerichtsverfassung § 38 (S. 767 ff.) verweise.

Nach dem englischen Recht:	Nach meinem Vorschlag:
Die Entscheidung eines einzelnen Rechtsstreites gibt eine bindende Rechtsnorm.	Die Auslegungssätze werden allgemein, losgelöst von einzelnen Rechtsfällen, aufgestellt.
Die Entscheidung erlangt die Kraft eines Präzedens praktisch nur dadurch, daß es in schriftlicher Form irgendwie berichtet wird. Die Berichte sind stets Privatarbeiten. Ob ein solcher Bericht erfolgt und in welcher Fassung, ist nicht zuverlässig und hängt mehr oder weniger vom Zufall ab.	Der Auslegungssatz erlangt Wirkung durch seine Veröffentlichung in einer Beilage zum Reichsgesetzblatt. Die Veröffentlichung erfolgt in amtlicher Weise in scharfer und sorgfältig gefaßter Form.

[14]) Fuchs in der Deutschen Richterzeitung 1910 S. 304.

Die Bedeutung von Präzedentien erlangen nur die Urteile bestimmter Gerichte; aber grundsätzlich haben nur die Urteile übergeordneter Gerichte bindende Kraft für die untergeordneten Gerichte. Das Gericht, das eine Entscheidung erlassen hat, ist in der Regel für die Zukunft nicht daran gebunden. Ein und dasselbe Urteil hat für dieses Gericht bindende Wirkung, für ein anderes nicht.

Verschiedenheit und Unsicherheit des Rechts.

Die Präzedentien behalten vielfach ihre Kraft für immer, auch wenn sie sich als rechtlich verfehlt erweisen.

Welche Rechtsfragen durch Präzedentien entschieden werden, hängt vom Zufall ab; die Folge ist Unübersichtlichkeit, Systemlosigkeit.

Die Auslegungssätze werden von einer einheitlichen Behörde erlassen. Sie bilden Recht für alle Gerichte.

Rechtseinheit und Rechtssicherheit.

Der Auslegungsgerichtshof kann einen Satz, der als irrig erkannt wird, wieder abändern.

Der Gerichtshof kann in der Auswahl der auszulegenden Rechtsfragen bis zu einem gewissen Grade ein System befolgen und kann jedenfalls solche Fragen unentschieden lassen, die sich für eine bindende Auslegung nicht eignen.

10. Die Einrichtung des englischen Rechts besteht von Alters. Freilich kein Beweis für ihre Güte und Brauchbarkeit, und wir werden alle darüber einig sein, daß eine Einrichtung mit den vielen uns deutschen Juristen so offensichtlich erscheinenden Mängeln keine guten Ergebnisse zeitigen kann. Kein Wunder, wenn sich das englische System, wie Gerland S. 771 näher begründet, nicht bewährt hat.

Solche Mißerfolge der englischen Einrichtung wie die Fehlschläge anderer Versuche, insbesondere des Versuchs der preußischen Gesetzgebung sind mir vorgehalten worden, und es wurde mir angekündigt, daß es so, wie diese Versuche gescheitert seien, auch allen ähnlichen Versuchen ergehen müsse. Der Schluß ist verfehlt. Namentlich jener Versuch des preußischen Rechtes war nicht so angelegt, daß ihm ein Gelingen beschieden sein konnte; die grundlegenden Unterschiede zwischen ihm und meinem Vorschlage brauche ich nicht eigens hervorzuheben. Wenn ich mit meinem Vorschlage alle die Mängel vermeide, die der Einrichtung des englischen Rechtes und den dahingegangenen Versuchen früherer Jahrhunderte angehaftet haben, warum soll dann die vorgeschlagene Einrichtung nicht ihrem Zwecke dienen können, die Rechtseinheit und die Rechtssicherheit zu fördern, ohne nach der andern Richtung der Rechtsprechung und dem Richterstande Wunden zu schlagen?